# 오직 말로 매력을 만든다

누구든 나를 갖고 싶도록 만드는
매력적인 말하기의 시작

오직 말로 매력을 만든다

이홍열 지음

생각의빛

# 누구든 나를 갖고 싶도록 만드는 말의 비밀

우리 사회에서 말을 잘한다는 가치는 분명 엄청난 경쟁력이다. 아무리 현대사회가 발달하고 AI와 컴퓨터가 사람의 일을 대신한다고 해도 결국 사람과 사람의 관계를 거치지 않는 일은 없다. 아이러니 하게도 말할 일이 없어지는 사회로 갈수록 '말하기'의 경쟁력이 더욱 부각되는 것이다. 그래서 우리는 늘 소위 '말 잘하는' 사람을 동경하고 부러워한다. 특히 미디어의 급속한 발달로 TV는 물론이고 각종 동영상 플랫폼, SNS, OTT 등 수많은 곳에서 말 잘하는 사람들을 끊임없이 비춰주면서 말을 잘한다고 느끼는 기준까지 상당히 많이 올라갔다.

그런데 한번 잘 생각해보자. 과연 우리가 원하는 말하기의 모습이 진정 TV 속의 아나운서, 개그맨, 배우 등의 소위 말하기 전문가의 모습인가? 과연 우리의 평범한 일상에 가장 필요한 말하기의 기술이 발음, 발성, 목소리 같은 기술적인 부분이냐는 말이다.

아니다. 우리에게 필요한 말하기는 그저 처음 만난 소개팅 자리에서 자연스럽게 대화하는 것, 거래처 직원과의 미팅에서 원활하게 이야기를 나누는 것, 학교 팀플 과제 시간의 깔끔한 프리젠테이션 정도이다. 물론 여기에 멋진 목소리를 비롯한 스피치의 기술들이 들어가면 더욱 좋긴 하겠다. 하지만 최소한 그것들이 우선순위는 아니라는 것이다.

평범한 일상을 살아가는 우리에게 필요한 말하기는 '매력적인 말하기'이다. 어색한 직장 상사와의 대화에서 말이 끊기지 않게 하는 방법, 불편한 시부모님과의 식사 자리에서 어떻게 리액션을 해야 하는지, 연인과 헤어졌다며 고민을 쏟아내는 친구의 이야기를 잘 들어주는 방법은 무엇인지가 우리에게 필요한 대화의 기술인 것이다. 그래서 이 책을 통해 진짜 우리의 삶에서 당장 적용할 수 있는 현실적인 방법들을 소개하고자 한다.

아마 이 책을 읽고 있는 누군가는 지금껏 매력적으로 말하지 못했을 것이다. 아니, 매력적으로 말해야 하는 이유조차 알지 못했을 것이다. 말하기에 자신감이 없다는 이유로, 나는 재미없는 사람이라는 이유로, 말하기에 대한 트라우마가 있다는 이유로 말하기 자체에 어려움을 겪고 있는 누군가가 있다면 지금부터 소개할 방법들로 하나씩 이겨내 보길 바란다.

　이 책을 읽는다고 단박에 '말 잘하는' 사람이 될 수 있는 건 아니다. 하지만 한 가지 확신할 수 있는 건, 이 책을 읽으며 한 단계씩 따라오다 보면, 당신은 어느새 이전보다 훨씬 매력 있는 사람이 돼있을 것이다. 이제 우리는 매력적으로 말하는 사람으로 거듭난다.

# 제1장
## 내 말에 매력이 없는 이유

# 주인공은 매력이 없다

최근 들어 서브얾이, 서브남주, 서브여주 등의 신조어가 미디어에서 상당히 핫한 콘텐츠로 소비되고 있다. 말 그대로 주연보다 조연에게 더 큰 매력을 느끼고 거기에 포커스를 맞추는 사람들이 많아지고 있다는 것이다. 불과 20년 전만 해도 주인공의 영향력을 위협하는 조연이라는 건 상상할 수 없는 일이었다. 어느 정도 감초 이상의 인기를 얻는 경우는 있었지만, 여전히 이야기의 모든 흐름과 분량은 주인공에 맞춰져 있었다. 하지만 최근에는 어떤가? 조연의 러브 스토리가 상당한 분량을 차지하기도 하고 딱히 주인공과 엮이지 않는 독자적인 스토리와 감정선도 꽤 디테일하게 보여준다.

왜 이런 변화가 생겼을까? 과거와 지금의 이 차이는 사람들이 평소에 받아들이는 정보와 콘텐츠의 양의 차이에서 비롯됐다고 볼 수 있다. 넘쳐나는 케이블 채널과 SNS, OTT 등 수많은 플랫폼에서 쏟아져 나오는 콘텐츠들을 스마트폰 하나면 모두 즐길 수 있는 요즘과 달리, 과거에는 그저 몇 안 되는 TV 채널과 가끔 다니는 영화관이 전부였다. 심지어 본 방송 시간에 맞춰 TV 앞에 앉아 한 장면도 놓치지 않기 위해서 집중해서 봤던 때는 상상도 할 수 없을 다시보기와 각종 클립들이 넘쳐나는 시대가 됐다. 그렇게 한 콘텐츠를 이리저리 씹고 뜯고 맛보고 즐기다 보니, 내용은 달라도 거의 대동소이한 주인공들의 이야기는 금세 지겨워지고 이외의 것들에 관심을 기울이게 되는 것이다. 결국 콘텐츠를 제작하는 입장에서도 예전에는 신경 쓰지 않았던 작은 부분 하나하나에까지 디테일을 부여하여 섬세한 설정과 캐릭터를 넣게 되는 것이다.

그러한 콘텐츠가 많아지고 접근성도 점점 좋아져서 자연스럽게 많이 노출되다 보니 우리는 이전만큼 '주인공'이라는 가치에 목매지 않게 됐고 오히려 가장 잘나고 멋진 것은 조금 고루하고 매력 없다는 느낌마저 갖게 됐다. 극단적으로 이야기하긴 했지만, 사실 정확히 말하자면 우리는 주인공 자체에 매력을 못 느끼는 게 아니라 대놓고 주인공이라는 개념을 주입시키는 상황 자체를 불편해한다고 할 수 있다. 콘텐츠를 벽 없이 받아들였던 과거와 달리 현대인들은 합리적이고 이성적인 가치관 아래에서 콘텐츠를 수용하기 때문에, 내 기준에 벗어나는 억지스러운 공급에 거부감이 느껴지는 것이다. 그렇게 완벽한 외모와 성격, 배경과 스토리를 가진 드라마 속 주인공도 대놓고 주인공 노릇을 하면 매력을 잃기 시작하는데, 하물며 현실에서의 주인공 행세가 얼마나 매력이 있겠는가?

이 책의 첫 장, 첫 챕터의 주제로 이 내용을 선택한 이유는 당연히 이 부분이 매력적으로 말하기 위해 가장 먼저 갖춰야 할 모습이기 때문이다. 주인공은 매력이 없다는 것을 알고 그 모습에서 떠나가야 한다는 것이다. 우리는 보통 연예인과 유명인들이나 주목받기 좋아하지, 평범한 사람들은 주목받고 드러나는 것을 딱히 좋아하지 않는다고 생각한다. 하지만 정작 어떤 자리나 상황의 주인공이 되어 존경, 호감, 호기심, 부러움 등의 긍정적인 시선이 집중되는 되는 짜릿함은 누구에게나 기분 좋은 경험이라는 사실을 부정할 수 없다.

그런데 이렇듯 주인공이 되는 상황은 엄청나게 기분 좋은 고양감을 주는 만큼, 조금만 삐끗하면 당신의 매력을 바닥으로 떨어뜨리는 수많은 위험 요소들도 가득하다. "주인공이 되는 게 왜?", "오히려 말 잘하는 사람이 주인공이 되는 거 아니야?"라고 생각할 수도 있다. 주인공이 되는 것 자체는 절대 잘못된 상황이 아니다. 다만, 앞서 이야기했듯이 주인공이 되는 상황은 나의 매력을 떨어뜨릴 수 있는 수많은 위험 요소들을 완벽하게 컨트롤해야만 하는데, 대부분의 사람들은 주인공이 되는 데 매력을 떨어뜨리는 위험 요소가 있다는 것 자체를 인식하지 못하고 주인공이 되는 것에 취해버린다는 것이다.

그래도 걱정할 필요는 없다. 제대로 인식하지 못해서 내 말하기의 매력이 떨어진다면, 제대로 인식하고 경계했을 때는 오히려 내 매력을 높이는 도구로 써먹을 수 있다는 뜻이기 때문이다. 일단 주인공이 되는 상황 자체에 본인이 매몰되지 않도록 늘 경계해야 하지만, 그럼에도 나도 모르게 빠져들게 될 수 있는 가장 경계해야 하는 주인공의 모습 2가지는 꼭 의식적으로 인식하고 있어야 한다.

첫째로, 타인의 말에 의해 내가 주인공이 된 상황이다. 보통 사회생활을 하다 보면 내 입으로 내 자랑을 하는 게 얼마나 비호감인지에 대해서는 잘 알게 된다. 그래서 단체생활을 어느 정도 해본 사람이라면 이런 상황은 잘 경계한다. 그런데 다 같이 모인 자리에서 내 자랑을 옆 사람이 대신 이야기하며 치켜세워 줄 때는 그 경계심이 확 풀어진다. 내가 시작한 게 아니기 때문에 스스로도 이건 받아서 흐름 타고 마음껏 자랑해도 괜찮다는 마음이 생겨나기 때문이다. 그래서 옆 사람의 이야기를 그대로 이어받아 신나게 내 얘기를 쏟아내게 된다. 당연히 처음에는 호감 가득한 호기심과 관심이 집중된다. 그런데 이러한 긍정적인 시선으로만 가득 찬 주인공의 모습이 유지되는 시간은 아주 짧다. 뒤의 챕터에서도 이야기하겠지만, 사람들은 상상 이상으로 나 이외의 상대방에게 관심이 없기 때문에 다른 사람이 주인공이 되는 상황에 금세 관심을 잃어버리게 된다. 관심만 떨어지면 그나마 다행이다. 누군가는 나의 이야기에 질투도 할 것이고 누군가는 인정하지 못하는 부분을 반박할 준비를 할 수도 있다. 나의 이야기를 있는 그대로 관심 있게 들어주는 사람은 안타깝게도 나밖에 없다는 것을 인정해야 한다. 하다못해 그 이야기가 자신에게 도움이 될 수도 있어서 열심히 듣는 사람도 그저 이야기에서 정보를 얻기 위함이기 때문에 필요한 부분이 해결되면 놀랍도록 빠르게 관심을 접는다. 그 정도의 상황이 되면 처음 옆 사람이 나를 주인공으로 만들어 준 호감 가득한 시선은 다 사라지고 부정적인 감정과 무관심만 남게 되는 것이다.

그래서 아주 짧게 유지되는 주인공으로서 최고의 매력을 유지할 때, 나는 빠져야 한다. 설사 옆 사람이 나를 치켜세워주며 주인공으로 만들어줬다고 할지언정 그때 잠깐 받아준 뒤에 간략히 이야기만 하고 부끄럽다는 듯 슬쩍 빠지면 최고치를 찍었던 매력도 더 떨어지지 않고 거기서 마무리가 되는 것이다. 물론 친한 친구 사이나 가족들 간의 자리에서는 조금 더 길게 그 시간을 즐기고 소비해도 되지만, 그것도 너무 길어지면 좋을 것 없다는 것을 명심하자. 예를 들어 직장동료들과의 술자리에서 그간 퇴근 후에 틈틈이 공부해서 난이도 높은 자격증을 딴 사실을 옆 동료가 이야기해줬다고 하자. 그 자리에서 모두가 대단하다며 치켜세워주는 상황이라면, 사실을 인정하는 것 정도 이상의 말은 하지 않는 것이다. 만약 누군가가 자격증을 딴 과정이나 노력 등에 대해 궁금하다고 묻는다면, 그때 그 물음에 대한 실제 정보만 이야기하고 '쉽진 않았다.', '운이 좋았다.' 정도의 리액션과 함께 공부한 강의나 교재 정보를 전달하는 정도로 딱 마무리하는 것이다. 만약 아무도 궁금한 부분에 대해 묻지 않고 그냥 축하하는 정도에서 끝났다면 그 주제에 대한 사람들의 관심도 딱 그 정도라는 뜻이므로 더 이야기하지 않는 것이 좋다. 이 방법의 핵심은 주변 사람들에 의해 언급이 되는 부분까지만 말하는 게 적당한 수준이라는 것이다. 그 이상은 누구도 궁금하지도 알고 싶지도 않기 때문에 더 자랑하고 싶더라도 그냥 넘어가는 게 그 자리에서의 내 매력을 지키는 길이다.

두 번째는 내가 누군가에게 도움이 되는 상황이다. 앞서 잠깐 이야기했지만, 나의 이야기가 누군가에게 필요한 경우에 그 사람은 내 이야기를 누구보다 경청하며 잘 들어준다. 이런 상태는 내가 주인공이라는 달콤함에 가장 매몰되기 쉬운 상황이다. 앞선 경우와 달리 누구도 내가 주인공이 된 상황을 불편해하는 티를 내지 않고 최소한 겉으로는 끝까지 최선을 다해 관심을 보내주기 때문이다. 그러다 보면 내가 전달하고자 했던 정보 외에 하지 않아도 될법한 이야기들을 섞게 된다. 예를 들어 대기업에 취업한 선배가 후배들에게 취업특강을 한다고 해보자. 후배들이 궁금한 건 자기소개서 작성 팁이나 면접 기출질문과 현장의 분위기, 합격 스펙 등의 실제적인 이야기일 것이다. 그런데 거기에 고난과 역경을 이겨낸 자신의 스토리를 한참 풀어낸다던가, 엄청난 권위자가 된 듯 후배들의 안일함과 불성실에 대해 다그친다는 등의 말들을 쏟아낸다면 누구도 반기지 않을 것이다. 내가 지금 이 자리의 주인공이 된 이유를 정확히 해야 한다. 저들이 나를 주인공으로 만들어준 이유는 필요한 정보를 얻기 위함이지 영웅담이나 잔소리를 해도 되는 불가침의 권위를 준 것이 아니기 때문이다.

그런데 앞서 이야기했듯이 이 상황에서 주인공에 도취되지 않기가 참 쉽지 않다. 나도 아직 강의를 나갈 때면 이 모습을 내려놓기 위해 계속해서 경계한다. 얼마 전 고등학생 대상으로 유튜브 크리에이터 강의를 나갔을 때의 일이다. 당시 운영하던 채널이 한 달이 채 안되어서 구독자 수만 명을 모았는데, 이 분야에 가장 관심이 많은 고등학생들에게 노하우를 전수해주면 좋겠다는 교육업계 지인의 요청으로 나간 강의였다. 평소에 이런 상황에서 주인공에 도취되지 않기 위해 경계하는 편이지만 처음 경험해본 분야라 나도 모르게 사족이 길어졌고 학생들이 궁금해할 성장 방법에 대한 핵심 내용의 일부를 전달하지 못했다. 오랜 강의 경험으로 유머있게 분위기를 잘 이끌긴 했지만, 이후 강의 평가 답변에서 겉도는 것 같다는 피드백을 많이 받았다. 이처럼 평소에 경계하고 생각하던 사람도 놓치기 쉬운 상황이 바로 도움을 주는 상황이다. 어떠한 모양으로든 도움을 주는 상황에서는 이미 내가 주인공이 되어 있는 상태이기 때문에 어느 정도 주제를 기폭시키기 위한 관련 이야기를 하는 건 그렇게 큰 문제가 되진 않는다. 다만 도움을 주는 정보를 전달하는 걸 가장 우선순위로 두고 말하되, 내가 주인공이 된 것이 절대 어떤 권위나 권리를 행사해도 되는 뜻은 아니라는 사실을 꼭 명심하고 말하기를 바란다.

한 번쯤 이런 경험이 있을 것이다. 다 같이 모인 자리에서 친구 A가 본인이 최근에 이룩한 성과에 대해서 신나서 열심히 자랑하고 있었는데, 알고 보니 그 자리에 같이 있던 친구 B가 더 나은 성과를 이뤄낸 사실을 우연한 경로로 알게 됐을 때 말이다. 그랬을 때 우리는 신나서 본인 자랑 이어가던 그 친구A보다 그런 자랑거리를 가지고도 말을 줄이고 가만히 있었던 친구B에게 훨씬 더 큰 매력을 느끼게 된다. 그때는 오히려 부러움도 축하도 궁금증들도 더욱 거리낌 없이 꺼내놓을 수 있게 된다. 그러면 내가 주인공이 되어 먼저 떠들었을 때보다 결과적으로 오히려 더 많은 이야기를 하게 되는 진짜 주인공이 될 수 있는 것이다.

사실 앞에서도 잠깐 이야기했지만, 사회생활을 시작한 사람이라면 대놓고 주인공이 되는 것을 피하려고 한다. 그 모습이 관계적으로 플러스보다 마이너스가 더 많다는 것을 알기 때문이다. 하지만 막연히 피해야지 생각만 하는 것과 앞선 2가지의 경우를 중심으로 다양한 상황을 제대로 인식하고 경계하는 것은 차이가 있다. 쉽게 생각하기 위해서 이것만 기억하자. '매력 없는 주인공이 되기보다 매력 넘치는 조연이 되자.' 이게 오히려 당신을 그 자리의 가장 매력적인 주인공으로 만들어 줄 것이다.

# 놀랍게도 세상은 나에게 관심이 없다

취업준비생 시절 하루가 멀다 하고 여기저기 면접을 보러 다녔던 시기가 있었다. 거의 일주일에 3번씩은 면접을 보러 다니는데, 이제 막 대학을 졸업한 예비 직장인에게 있는 정장이라고는 누나가 힘내라고 사준 맞춤정장 한 벌이 다였다. 생각보다 준비 기간이 길어지면서 매일같이 입다 보니 일주일에 한 번은 드라이를 맡겼는데, 어느 날 정장을 맡긴 세탁소가 개인 사정으로 휴무에 들어가서 당장 다음 주에 입을 정장이 없게 됐다. 급하게 수소문해서 친척 형에게 정장 한 벌을 빌렸는데, 내 맞춤정장에 비해 품도 크고 바지 기장도 너무 길어서 여간 신경 쓰이는 게 아니었다. 다음날 곧장 또 면접장으로 나서는데, 재킷은 품이 커서 아빠 옷을 몰래 훔쳐 있고 나온 것 같았고 바지는 구두 위로 주름이 접힐 정도로 긴 게 여간 신경 쓰이는 게 아니었다. 완벽한 모습으로 가도 될까 말까 한 게 면접인데 복장부터 망쳤다는 생각에 자신감도 줄어들고 괜히 위축됐다. 그렇게 면접장에 도착하니 아나나 다를까 다른 지원자들은 모두 딱 맞는 핏의 멀끔한 복장으로 온 모습이 보였고 내가 들어갔을 땐 모두 어정쩡한 내 정장만 바라보는 것 같았다. 그때부턴 '어차피 오늘은 이 바보 같은 정장 때문에 망했으니까, 떨어진다고 생각하고 편하게 하자.'라며 자포자기하는 심정으로 면접에 임했다. 한 가지 긍정적인 부분은 그렇게 생각하고 긴장이 풀렸는지 면접 자체는 꽤 잘 마무리하고 나왔다는 것이다. 그렇게 면접이 끝나고 나오면서 같은 조에서 면접을 봤던 또래의 지원자와 잠깐 대화를 나눴다.

"오늘 정장만 아니었으면 참 잘 본 면접인데, 진짜 아쉽더라고요."

"정장이요? 왜요?"

"(여자 처자 해서) 정장이 품도 이렇게 크고 바지는 길어서 접히고 말도 아니죠, 뭐."

"아……. 자세히 보니까 그런 것 같기도 하네요."

"네? 모르셨어요?"

"네, 뭐 자세히 봐도 크게 이상한 건 못 느끼겠는데……. 자세히 본 사람도 없을 것 같은데요."

짧은 대화 후에 헤어졌는데, 내가 받은 충격은 꽤 컸다. 아니 민망했다는 표현이 더 맞을 수 있겠다. 아침부터 지금까지 참을 수 없을 정도로 신경 쓰였던 이 바보 같은 정장이 갑자기 불편하거나 어색하게 느껴지지 않고 평범한 수준으로 느껴지기 시작했다. 그나마 남아있던 '면접관들은 작은 부분까지 다 체크했을 거야.'라는 작은 의심도 그 면접의 합격 문자를 받으면서 완벽하게 종결됐다. 정장을 입은 내 모습이 바보 같이 느껴졌던 것도, 세상 모든 사람들이 나만 쳐다보는 것 같이 느꼈던 것도 모두 내 생각이었다. 물론 그날 지나친 수많은 사람들 중 몇몇은 조금 이상함을 느꼈을 수도 있지만, 어쨌든 내 삶에 영향을 미칠 만큼의 관심은 누구도 내게 주지 않았다는 것이다.

아마 누구나 한 번쯤 이러한 경험이 있을 것이다. 나한테는 상당히 중요한 부분인데, 민망할 정도로 다른 사람들은 관심이 없었던 경험 말이다. 이렇듯 좋아하는 이성을 바라보거나 특별히 집중해야 하는 상황 같은 예외의 경우를 제외하면 우리는 참 남들에게 관심이 없다. 정확하게 말하자면 남에게 관심이 없다는 건 절대치가 아니라, 내가 나에게 관심이 있는 만큼과 비교하면 상대에 대한 관심은 현저히 적다는 상대치의 이야기다.

이러한 관심의 상대적인 차이에서 오는 괴리가 말하기에서 상당히 크게 작용한다. 단적인 예가 바로 남자들의 군 시절 이야기이다. 군대를 다녀온 남자에게 군 시절 이야기만큼 재밌고 흥미진진한 내 이야기가 또 없다. 나에게는 정말 큰 추억이자 인생의 가장 큰 흔적을 남긴 부분이기 때문에 때로는 진지하게, 혹은 재밌게 이야기를 하지만 그 이야기를 듣는 여성들에게는 그만한 고역이 또 없다. 그런데 비단 군대 이야기 같은 노골적인 예를 들 필요도 없이, 그 어떤 주제라도 내 이야기에 대한 상대방의 관심도는 내가 생각하는 수준의 절반도 안 된다고 늘 생각하고 있는 게 마음 편하다. 이렇게 말하면 아마 실제 대화 현장에서는 그 정도는 아니었던 것 같은데 조금 과한 생각 아닌가하고 느낄 수 있다. 그런데 잘 생각해보면 상대방이 내 이야기에 생각보다 큰 관심을 보이는 이유는 아마 그 이야기가 상대방과도 관련된 이야기이기 때문인 경우였을 것이다. 그마저도 본인과 관련된 부분이 끝나고 내 이야기 비율이 높아지면 관심과 집중은 금세 떨어진다. 그러니까 크게 힘든 일을 겪어 위로를 받는 상황이나 상대방에게 특별한 도움을 주는 등의 이야기가 아니라면, 상대방이 내 이야기에 관심을 갖는 시간은 그리 길지 않다는 것을 꼭 기억하자.

단, 착각하면 안 되는 것은 여기서 말하는 '내 이야기'는 내가 입을 열어 뱉는 말하기 자체를 뜻하는 것이 아니라, 이야기의 주제와 포커스가 나에게만 맞춰진 말의 소스를 뜻하는 것이다. 즉, 이번 챕터에서 우리가 깨닫고 지양해야 하는 것은 '나의 스토리'가 더 맞는 표현이라 할 수 있다. 이 부분도 마찬가지로 이러한 매력 없는 모습을 알게 되는 것만으로도 내 말하기의 매력이 줄줄 세어나가는 것을 충분히 막을 수 있다.

먼저, 앞서 이야기했듯이 상대방은 어떤 주제가 됐든 내 이야기에 관심이 없다는 사실을 항상 전제로 깔고 이야기를 시작하는 것이 좋다. 여기서 중요한 포인트는 '항상'이다. 누구에게 어떤 이야기를 하든, 일단 시작은 이 전제를 꼭 기억하고 가볍게 시작해야 한다는 것이다. 물론 상대방과 관련된 이야기이거나 마침 상대방이 관심 있었던 주제인 경우도 있다. 그런 경우라면 상대방이 알아서 질문을 하는 등 대화를 이어가거나 관심을 표현하기 때문에 그때 표현에 맞춰서 이야기를 이어 나가도 충분하다. 그렇기 때문에 시작은 무조건 가볍게, 여기서 이야기를 더 이어가지 않아도 무방한 느낌으로 출발하는 게 좋다. 만약 이 전제가 없이 이야기를 시작하게 되면, 나는 어쨌든 내 이야기이기 때문에 상대방의 반응이나 관심의 정도와는 상관없이 신나게 이야기를 이어가게 될 가능성이 높고, 상대방 입장에서는 그런 부분을 감수하며 이야기를 들어줘야 하기 때문에 상대방이 느끼는 내 말하기는 매력을 잃어가게 되는 것이다. 그러니 아예 애초부터 기대치를 낮추고 말을 시작하면 지나치게 들떠서 매력 없이 떠드는 상황까지 가지 않게 될뿐더러 만약 상대방이 내 이야기에 관심이 있어 하나 둘 대화를 이어 나가게 되면 주도권이 상대방에게 넘어가게 됨으로써 나는 거기에 맞춰 부담 없이 내 이야기를 계속할 수 있게 되는 것이다. 어떤 모양이든 손해 보는 결론은 없기 때문에 리스크가 없는 상황을 위한 전제를 깔고

가는 것이 좋다.

　모든 실망은 기대에서 온다. 상대방이 내 이야기에 관심이 많을 거라는 기대, 이 이야기는 재밌어 할 거라는 기대, 지금 저 표정은 분명 궁금해 하는 거라는 기대 말이다. 상대방과의 대화에서 그 어떤 기대도 하지 않길 바란다. 기대는 부담을 만들고 부담은 부자연스러움을 만들며, 부자연스러움만큼 매력 없는 말하기의 모습은 없다. 아무것도 기대하지 않는 이러한 전제가 다소 극단적이고 가혹하게 느껴질 수 있으나, 이보다 더 냉정한 표현이 있다면 그 표현을 쓰라고 말하고 싶을 정도로 이런 맥락의 전제를 깔고 가는 것을 적극 추천한다. 상대가 내게 관심 없다는 생각만 탑재하면, 당신이 가지고 있던 말하기에 대한 부담의 절반은 저절로 해결될 것이다.

　두 번째는 가짜 관심에 속아 넘어가지 말라는 것이다. 앞서 이야기한 것처럼 상대방이 내 이야기에 무조건 관심이 없을 거라는 전제를 깔고 이야기를 시작했으면 절반은 성공한 것이다. 그런데 두 번째 고비는 대화 중 들어오는 가짜 관심으로 찾아온다. 예를 들어 내가 대화 중에 어떤 주제에 대한 내 이야기를 가볍게 던졌는데, 큰 관심을 보이는 사람이 없어서 마무리하고 넘어가려는 순간, 누군가 '아 진짜?', '그래서?' 정도의 질문을 던졌다. 이때, 이 질문이 이야기에 대한 진짜 관심으로 나온 건지, 단순한 대화 속의 본능적인 리액션인지, 뻘쭘해진 분위기를 책임지지 않기 위해 예의상 보인 반응인지 판단해야 한다. 만약 가짜 관심에 의한 질문인 줄 파악하지 못하고 저 한마디에 구구절절 내 이야기를 이어간다면, 질문한 당사자조차 그리 관심 가지지 않는 상태에서 다들 기계적인 리액션만 하며 분위기는 급속도로 얼어붙을 것이다.

　구분하는 방법은 2가지다. 먼저 질문이 내 이야기의 내용을 포함한 구체적인 물음인지 살펴보는 것이다. 예를 들어, 지난주에 놀이공원에 다녀온 이야기를 했는데 상대방이 '뭐뭐 탔어?', '누구랑 갔어?', '새로 나온 놀이기구 재밌어?' 정도의 구체적인 내용을 담은 질문을 했다면 답변과 함께 스토리를 이어가도 괜찮다. 그런데 단순히 '재밌었어?', '사람 많았어?' 정도의 내 스토리와는 큰 관계없는 큰 범위의 질문이라면 간단히 답하고 적당히 끊는 게 낫다. 또 다른 방법은 훨씬 간단한데, 앞선 방법으로 구분이 되지 않는다면 그냥 한 번 더 던져보면 된다. 뭔가 대화를 이어가기 애매한 질문인 것 같을 땐 한 번 더 흥미를 가질만한 스토리를 꺼내 보고 그때도 반응이 기계적이고 시큰둥하다면 거기서 끊어버리면 된다. 특히 이 점을 의식하고 한 번 더 이야기를 할 때는 스스로도 첫 번째보다 객관적인 시선으로 상대방을 바라볼 수 있기 때문에 훨씬 이성적인 판단이 가능할 것이다.

　이 챕터를 읽으면서 그저 대화 한 번 하는데 너무 생각할 게 많고 복잡하다고 느껴졌을 수도 있다. 아마 글로 풀어쓰고 또 그걸 읽느라 그렇게 느꼈을 수 있지만, 실제로 말하기의 현장에서 적용해보면 아주 잠깐이고 정말 별것 아니라고 느낄 것이다. 계속해서 세상이 나에게 관심이 없다는 전제가 필요하다는 이야기를 했지만, 당연하게도 당신과 당신의 이야기에 넘치는 관심을 가지고 있는 사람도 많다. 만약 내가 그 정도의 확신을 가지고 있는 사람이라면 이러한 마인드는 전혀 필요 없을 수 있다. 하지만 이 전제는 소수의 내 사람에게도, 그리고 다수의 나와 관계하는 모든 사람에게도 적용할 수 있는 범용성 높은 방법이다. 내가 느끼는 타인이 나에 대해 갖는 관심의 기대치를 확 낮추면, 내게 갖는 관심을 넘어서는 말하기로 내 매력을 떨어뜨리는 일은 반드시 피할 수 있을 것이다.

# 말하기를 연습하기 때문에 말을 못하는 것이다

사람들은 다양한 상황들 속에서 불편함을 느낀다. 상사와 같이 밥을 먹게 됐을 때, 무리에서 어색한 친구와 둘만 남았을 때, 혹은 신발 속 양말이 반쯤 벗겨졌을 때나 지하철 옆자리 아저씨의 다리가 내 자리까지 침범했을 때 등 불편한 상황은 셀 수 없이 많다. 이렇듯 모양은 다르지만 모든 불편한 상황들을 관통하는 한 가지 공통점이 있다. 바로 '부자연스러움'이다. 생각이든 감정이든 물리적인 상태이든 자연스러운 상태에서 벗어나 부자연스러움이 느껴지는 순간 우리는 불편함을 느낀다. 당연히 사람들은 나, 혹은 타인의 자연스러운 상태를 원하고 어쩌면 우리 인생은 불편함을 해결하고 자연스러움을 쟁취하기 위한 여정이라고 할 수 있겠다. 이러한 자기 계발 서적의 머리말에나 나올 법한 이야기를 장황하게 늘어놓는 이유는 말하기에도 자연스러움이 필수라는 이야기를 하기 위해서이다.

말은 그 사람을 나타내는 가장 직관적인 요소라는 사실은 누구도 부정하지 않을 것이다. 그만큼 한 사람의 이미지를 결정짓는 데 말의 역할이 상당히 많은 비중을 차지하는데, 앞서 말했듯이 말에서 부자연스러움이 묻어나면 그건 곧 불편함이 되어 상대방에게 전달된다. 우리는 지금 매력적인 말하기에 대해서 이야기하고 있는데, 매력적인 말하기와 부자연스러움은 서로 대척점에 있는 개념이라 부자연스러움이 섞인 매력적인 말하기는 개념 자체가 성립하지 않는다는 것이다.

그렇다면 부자연스러움은 어디서 올까? 바로 '나의 말하기'가 아니라, '남의 말하기'를 연습하는 데서 온다. 이 글을 읽는 사람들은 대부분 더 나은 말하기를 위해 고민하고 노력해본 경험이 있을 것이다. 그리고 여러분에게 말하기를 가르쳐주는 사람들은 보통 아나운서, 쇼호스트, 성우 등 소위 말하기의 프로들인 경우가 많다. 발음, 발성, 목소리를 시작으로 수많은 전문적인 기술들을 전해주는데, 과연 그게 우리에게 필요한 말하기일까? 절대 그 가르침이 잘못됐다는 게 아니다. 수요와 공급의 싱크가 맞지 않는다는 것이다. 우리에게 당장 필요한 것은 일상 속에서의 원활한 말하기이다. 회식 자리에서 직장 상사와의 원활한 대화를 위해 필요한 우선순위 요소는 완벽한 발음과 목소리가 아니다.

그러면 아마 이런 생각이 들 수 있다. "유튜브나 온라인 강의에서 보면, 전문적인 내용 말고도 실제 일상 상황에서 쓸 수 있는 다양한 커뮤니케이션을 가르쳐 주던데?" 물론 맞는 말이지만 여기서도 생각해봐야 할 부분이 있다. 요즘은 직접 찾아다닐 필요도 없이, 휴대폰으로 유튜브만 켜도 스피치와 커뮤니케이션에 대한 영상들이 쏟아진다. 그러한 영상들을 보다 보면, 실제 상황에서 그대로 써먹을 수 있을 것만 같은 스킬들을 알려준다. 너무나 유용하고 필요한 정보들이지만 문제는 그 스킬들을 그대로 써먹는다는 것이다. 그들이 알려주는 말의 기술들은 그들의 상황과 삶에 최적화된 것들이기 때문에, 그대로 가져다가 내 말에 적용한다면 그만큼의 효과를 볼 수 없다. 더군다나 남의 것을 그대로 가져다가 내 것으로 사용하면, 앞서 이야기한 부자연스러움이 묻어나게 되는 것이다. 다시 말하지만 부자연스러움은 상대방에게 불편함을 느끼게 한다. 각종 강의와 유명인들의 영상 속에서 공부하고 배운 내용들이 현실에서 적용했을 때 큰 효과를 보지 못하는 이유가 바로 여기서 온다. 개인적으로는 효과를 못 보는 것을 넘어서 성급하게 적용하는 데서 오는 부작용이 더 크다고 생각한다. 이게 바로 말하기를 연습할수록 말을 못하게 되는 아이러니의 원인이다.

우리는 말을 잘하려고 하면 안 된다. 왜냐하면 우리는 수년간 전문 교육기관에서 훈련받은 아나운서가 아니고 그렇게 되기 위해 투자할 시간도, 돈도 없는 평범한 사람들이기 때문이다. 그런데 그들처럼 말을 잘하기 위해 따라간다면, 평범한 우리는 부자연스러운 말하기밖에 할 수 없게 되는 것이다. 그래서 우리는 나의 말하기를 찾아야 한다. 특별한 어떤 기술과 노하우가 아니라, 나의 말하기를 발전시키고 깎아 나가야 한다는 것이다. 나의 말하기에는 부족함은 있을지언정 부자연스러움은 없다. 나의 말하기를 버리고 새로운 말하기를 훈련하는 게 아니라, 나의 말하기를 좀 더 매력적으로 가꾸는 게 우리가 해야 할 일이다.

나는 전문적인 말하기를 직업으로 삼는 사람이기 때문에, 기초부터 시작해서 많은 교육과 훈련을 받아왔고 지금도 매일 아침마다 루틴처럼 하는 훈련도 있다. 그런데 스피치가 어느 정도 수준에 이르고 말하기에 대한 부족함이 딱히 없다고 느껴지는 시점에 와보니, 이 수준에 있는 사람들은 이미 너무 많다는 것이 느껴졌다. 이 업계의 실력이 상향평준화 됐다는 것이다. 아주 드물게 독보적으로 뛰어난 목소리, 발성, 발음 등을 가진 사람이 아니고서는 딱히 경쟁력이 없게 되는 것이 프로의 세계다.

그래서 생각한 경쟁력이 바로 매력적으로 말하는 방법이었다. 물론 전문가의 매력적인 말하기와 이 책을 읽는 평범한 사람들을 위한 매력적인 말하기의 방법에는 차이가 있지만, 매력적으로 말하는 것이 단순히 정량적으로 말의 수준을 올리는 것보다 훨씬 낫다는 점은 일맥상통한다. 오히려 평범한 일상생활에서는 매력적으로 말하는 것이 그 어떤 말하기의 정량적 스킬보다 낫다는 걸 확신한다. 왜냐하면 뒤에 언급할 매력적으로 말하기 위한 준비와 실전은 우리가 말을 잘하기 위해 연습하는 발음, 발성, 목소리 등의 정량적인 스킬들보다 훨씬 쉽게 녹여낼 수 있기 때문이다. 딱히 말하기를 업으로 삼지 않는 사람의 범주에서는 이러한 정량적인 스킬들은 매력으로 모두 덮어버릴 수 있다고 단호하게 이야기할 수 있다. 이후에 이야기할 매력적으로 말하는 모습만 제대로 갖춘다면, 정상적인 의사소통을 할 수 있는 수준 이상은 전혀 필요하지 않다. 그러니 목소리가 어떻고, 발음과 발성이 어떻고 하는 것에 더 이상 집착하지 않길 바란다. 주제로 다시 돌아와서, 그렇다면 나도 모르게 탑재돼있는 부자연스러운 말하기의 모습은 어떤 것들이 있는지 알아야 한다.

먼저, 말하기에 어려움을 느끼는 사람들이 가장 많이 보이는 모습 중의 하나인 읽듯이 말하는 모습이다. 평소에 친구들과 대화할 때는 자연스럽고 편안하게 잘하면서, 무언가 발표해야 하거나 업무적으로 내용을 전달해야 할 때면 보고 읽듯이 어색한 억양의 말하기를 한다는 것이다.

공적인 말하기를 할 때 친구들에게 하듯 가벼운 투를 사용하라는 것은 아니다. 읽는 말하기가 아니라 말하는 말하기를 해야 한다는 것이다. 정보를 완벽하게 전달해야 한다는 사실에 매몰되어 문어체식 말하기를 하는 것은 오히려 듣는 입장에서 어색하고 불편하게 느껴진다. 이 부분에 대해서는 뒤에서 주제로 한 번 더 자세하게 다루겠지만, 어쨌든 중요한 것은 말하기는 말하기다워야 자연스럽다는 사실이다. 읽듯이 말하는 모습은 말하기 자체에 부담을 느껴 실수하지 않기 위한 대응책이긴 하지만, 전체적으로 부자연스럽고 실수가 없느니 조금 실수하더라도 전체적으로 자연스럽게 말하는 게 훨씬 전달력이 있다는 것을 기억해야 한다.

다시 말하지만 우리는 말하기 자체가 중요한 아나운서 등의 전문가가 아니다. 말하기는 단순한 도구일 뿐이지 목적이 아니라는 것을 명심하자. 이 부분에 어려움을 느낀다면 뒤에서 문어체식 말하기를 구어체식으로 자연스럽게 바꾸는 방법을 한 번 따라 해보길 바란다. 핵심만 간단히 말하자면, 먼저는 해당 정보에 대해 빠삭하게 파악하고 있는 상태에서 핵심 키워드와 순서만 머릿속에 외워놓고 전체 말하기를 구성하면 된다. 어쨌든 읽듯이 말하는 모습을 내려놓고 나의 말하기를 위한 연습을 시작해보자.

두 번째는 따라하는 말하기다. 미디어에서 유행하는 특정 유행어나 말투, 억양은 물론이고 친구들이나 동료들 사이에서 누군가 찰지게 자주 쓰는 어투 등을 어색하게 따라는 것이다. 워낙 직관적이고 당연한 부분이라 이러한 조언이 필요하지 않다고 느낄 수 있겠지만, 의외로 우리 주변에 이런 모습을 보이며 갑자기 분위기를 싸하게 만드는 사람들이 꼭 한 명씩 있다.

일단 미디어에서 유행하는 말투나 유행어를 따라 하는 건 다 같이 관심이 높은 시기에 함께 즐기고 마는 수준에서 끝나는 게 보통인데, 입에 잘 붙는 그 맛 때문에 습관처럼 계속해서 쓰면서 주변을 불편하게 만든다. 혹은 조금씩 현실 상황에 맞는 모양으로 변형해서 쓰기 시작하면 그때부터 소위 '뇌절'이 시작되는 것이다. 본인에게는 이제 습관이 되어 어색함 없이 쓰는 일상의 말이지만 주변 사람들은 선을 넘은 뇌절에 불편해지기 시작해진다.

또 공동체에서도 누군가 입에 착 감기는 본인만의 유행어를 쓰고 다니는 경우가 있는데, 그게 재미있다고 마구잡이로 여기저기 쓰고 다니며 주변을 불편하게 만든다. 특히 미디어의 유행어와 달리 모두가 공감할만한 소스도 아니기 때문에 듣는 사람 입장에서는 반응하기 난감할 수밖에 없다.

실제로 학창 시절 함께 어울리던 무리 중 한 명이 이런 모습을 자주 보였는데, 본인에게 어울리지도 않는 다른 친구의 말투를 습관처럼 따라 해서 그 때마다 싸해지는 분위기를 견디는 게 정말 힘들었다. 나중에는 모두가 암묵적으로 그 친구가 그 말을 던질 기회를 주지 않기 위해 그러한 상황 자체를 만들지 않기까지 했으니 말이다. 중요한 것은 나 스스로는 이미 습관이 되어버려서 주변이 불편해지는 것을 인식하기 어렵다는 것이다. 그러니까 애초에 이러한 따라 하는 말은 대화 속에서 한두 번쯤, 그것도 다 같이 즐길 때나 함께 써먹고 마는 것이 좋다.

마지막으로 앞서 이야기한 전문가의 말하기를 쫓아가는 모습이다.

말하기의 전문가들은 강의를 통해서 말 잘하는 사람이 갖춰야 할 모습을 상세히 알려준다. 또 그 모습까지 나아가기 위해 우리가 해야 할 훈련과 연습들을 쭉 나열해준다. 그 과정을 따라가다 보면 분명 더 나은 말하기를 할 수 있게 된다. 그런데 일상을 살아가기도 벅찬 평범한 사람이 투자하기엔 너무 과한 요소들이며, 그렇게 투자해서 얻어낸다 한들 전문가의 말하기는 평범한 사람의 삶에서 적용시키기엔 엇나가는 부분들이 많다. 예를 들어 많은 전문가들이 자신감 있는 마음가짐과 목소리에 대해서 많이 이야기한다. 그런데 실제 우리의 말하기 현장에서는 자신감 있는 웅장하고 딴딴한 목소리를 낼 만한 상황이 그리 많지 않다. 우리는 그저 직장 팀원들과의 술자리에서, 어색한 소개팅 자리에서, 처음 만난 연인의 가족들과의 식사 자리에서 어색함 없이 원활하게 대화하고 싶을 뿐이다. 그러기 위해서는 이후에 소개할 말하기의 불필요한 습관을 버리고, 대화에서의 함정을 피하고, 최적의 말하기를 위한 준비를 한 위에 일상에서 써먹을 수 있는 실제적인 스킬들을 익히는 것이 우선순위라는 것을 말하고 싶다. 말을 잘하는 건 어렵고 힘든 과정일 수 있지만, 매력적으로 말하는 건 지금 당장 시작할 수 있으니 더 이상 당신의 매력을 망치는 정량적인 말하기 연습에 목매지 않길 바란다.

# 말을 잘해도 매력이 없는 사람이 있다

우리 주변에는 늘 말 잘하는 사람이 몇몇 있다. 친구들 사이에서 별 것 아닌 이야기도 특유의 말솜씨로 기가 막히게 풀어내는 친구가 있는 가 하면, 업무상 프리젠테이션을 해야 하는 자리에서 차분하지만 강력한 어조로 거래처 직원이나 상사들을 사로잡는 직장 동료도 있다. 이처럼 모양은 각기 달라도 말을 잘한다는 사실 만큼은 확실한 사람들 말이다. 말을 잘한다는 사실은 삶을 살아가는 데 있어서 가장 도움 되는 무기 중 하나이기 때문에 그들은 늘 누군가의 부러움을 사기 마련이다. 아마 이 글을 읽는 당신도 한 번쯤은 그 사람의 말솜씨를 부러워한 적이 있을 것이다. 하지만 손에 날카로운 무기를 쥐고 있다는 건, 그 날에 베일 위험도 함께 쥐고 있다는 의미라는 걸 생각해야 한다. 제대로 휘두르지 못하면 오히려 내가 다칠 가능성이 있다는 것이다. 뛰어난 말솜씨가 그 무기의 날카로운 정도를 뜻한다면, 매력 있게 말하는 건 그 무기를 얼마나 잘 휘두르는지를 의미한다. 즉 아무리 말을 잘해도 매력적으로 말하지 못하면, 오히려 내가 베일 수 있다는 것이다.

실제로 우리 삶 속에서도 분명 말은 잘하는데, '인간적으로 매력적인가?'의 범주로 넘어가면 고개를 갸우뚱하게 되는 경우가 있다. 함께 있으면 재밌기도 하고 말솜씨가 필요한 일을 맡기면 누구보다 잘 해내지만 딱히 사람으로서 큰 매력을 느끼지 못하거나 심지어 비호감으로까지 느껴지는 사람들은 왜 그런지를 우리는 파악해야 한다. 왜냐하면 우리가 말을 잘하고 싶은 목적은 결국 좀 더 원활한 관계나 관련된 일을 깔끔하게 해내기 위해서인데, 말은 잘한다 할지언정 매력을 잃어버리면 궁극적인 목적은 달성하지 못하는 꼴이 되기 때문이다. 몇 년 전 쇼호스트 준비생 시절, 어느 홈쇼핑사의 공채시험 현장에서 있었던 일이다. 대한민국에서 말솜씨라면 빠지지 않는 수천 명의 지원자 중 서류와 영상 테스트를 통과한 수십 명이 카메라테스트 현장에 모였다. 목소리면 목소리, 발음과 발성은 물론이고 사용하는 단어와 심지어 말할 때의 표정까지 훈련하는 말하기 실력자들이었다. 커다란 대기실에 모여 각자 목소리를 가다듬고 준비한 멘트를 정리하며 긴장된 시간을 보내고 있었는데, 한 지원자가 대여섯 명의 무리에 둘러싸여 시끌벅적한 대화를 나누는 소리가 들렸다. 이렇게 긴장되는 시간에 어떻게 저렇게 여유 있을 수 있나 싶어서 슬쩍 살펴보니, 준비생들 사이에서 실력자로 이름을 날리던 지원자였다. 그러니까 수십 명의 실력자들 중에서도 상위에 드는 재능과 실력을 가진 지원자였던 것이다. 실제로 연습하는 모습을 보니 누가 봐도 잘하는 사람이었다. 게다가 작년 테스트는 어땠고, 면접관들의 성향은 이랬고 저랬고 등 한 해 먼저 겪었던 경험을 토대로 각종 팁들을 자랑처럼 풀어대자 대기실의 지원자들이 하나 둘 몰리기 시작했다. 애써 무시하고 준비한 내용을 연습하고 있었는데, 이번에는 대기실을 돌아다니면서 개인 연습 중인 지원자들에게 슬쩍슬쩍 조언을 던지고 다니기 시작했다. 분명 잘하는 사람이고 직전 공채에서 활약했던 사람이라 그 행동들에 설득력이 없는 건 아니었지만, 매력적인 모습이 아닌 건 확실했다. 그 공간에 있는 모든 사람들이 경쟁자였지만, 그 사람만은 경쟁자로 느껴지지 않았다. 매력이 없었다. 내가 면접관이라면 자신감이 아닌 자만심이 흘러넘치는 지원자를 뽑지 않을 것 같았기 때문이다. 하물며 잘한다고는 하지만 이미 상향평준화된 실력자들이 즐비한 상황에서는 더욱 말이다. 그렇게 카메라테스트가 시작되기 직전까지 어깨는 하늘 끝까지 치솟아 있었고 이깟 1차 테스트 정도는 연습도 필요 없다는 식의 행동을 이어갔다. 과연 카메라테스트에서는 어떻게 할지 궁금하던 차에 마침 같은 조가 되어 함께 들어가 그 지원자의 PT를 볼 수 있었다. 조금 특이한 컨셉이기는 했지만, 역시나 말솜씨는 청산유수였다. 하지만 옆에서 직접 보니, 합격은 못 하겠다는 추측이 확신으로 바뀌었다. 매력적이지가 않았다. 누가 봐도 말을 잘하는 사람이 '나 잘하지?', '나 뽑을 수밖에 없겠지?'라고 계속 어필하는 듯 보였기 때문이다. 그런 모습은 자연스럽게 감정적인 반감이 들게 했고 '잘한다.'라고 하는 이미지에 대한 피로감을 빠르게 누적시켰다. 그렇게 매력이 빠진 말하기 실력은 오히려 지루하게 느껴지기까지 했다. 한낱 지원자였던 내 눈에도 보이는 아쉬움이 면접관들에게 보이지 않을 리가 만무했고 이후에 카메라테스트에서 탈락했다는 소식을 듣게 됐다.

말은 결국 사람에게서 나온다. 어떤 말도 그 말을 하는 사람과 따로 떨어져 평가될 수는 없기 때문에, 내가 매력적이지 않으면 내가 하는 말도 매력적일 수 없는 것이다. 우리는 아나운서가 되려는 것이 아니다. 단지 사람들과의 관계, 업무상 필요한 스피치, 이성과의 원활한 소통 등 삶 속에서 요구되는 현실적인 말하기가 필요한 것이다. '말을 잘한다.'라는 것은 우리에게 실제로 필요한 이상적인 말하기의 수많은 조건 중 하나일 뿐이다.

오히려 후에 기술할 내용을 살펴보면, 의외로 우리가 생각하는 말을 잘한다는 모습은 우리에게 필요한 말하기의 다양한 요소 중에서도 중요도가 낮은 편에 속한다. 말을 잘하기 위한 목소리, 발음, 발성 연습보다 매력적으로 말하기 위한 준비를 하는 것이 훨씬 중요하다. 소개팅 자리에서 상대방과 더 재미있고 원활하게 대화하고 싶어서 목소리부터 각종 유머, 대화 주제 다 준비해갔는데 내 말이 상대방의 귀에 꽂히지 않으면 그게 무슨 소용인가? 더 정확히 말하자면, 내가 매력적으로 말하지 못해서 상대방이 내 말에 흥미를 잃고 나아가 나라는 사람 자체에 관심이 떨어진다면 아무리 말을 잘한다 한들 무슨 소용이겠냐는 것이다. 마치 아주 좋은 실력을 가지고도 면접관들의 귀를 열지 못했던 그 지원자처럼 말이다.

다시 말하지만 우리는 아나운서가 되려는 것이 아니다. 프로의 세계에서 말을 잘한다는 것과 일상의 평범한 삶 속에서 말을 잘한다는 것의 차이를 인지하는 것부터가 시작이다. 흔히 우리가 생각하는 멋진 목소리, 발음과 발성은 프로의 세계에서는 결정적인 요소이지만 우리에겐 아니다. 분명 긍정적인 요소로 작용하긴 하지만, 조금 부족하거나 없어도 우리는 충분히 매력적으로 말할 수 있다. 명심하자. 말을 잘하려 하지 말고 말을 매력적으로 해야 한다는 것을.

# 버리지 못하면 담을 수 없다

아나운서, 쇼호스트, 성우 등 전문적인 말하기를 업으로 삼는 많은 직종들은 준비생 시절부터 현업에 뛰어든 이후까지 꽤 오랜 기간을 훈련받고 연습을 이어간다. 그중 가장 먼저 교육받는 것이 바로 개인마다 가지고 있는 불필요한 언어 습관을 버리는 것이다. 사투리에서 비롯된 특정 억양이나 같은 단어의 반복, 말이 지나치게 빠르고 느린 것 등 많은 부분을 고쳐나가는 것이다.

나는 그중에서 최근까지도 고치기 위해 신경 쓰는 부분이 있는데, 바로 '음', '아' 등의 췌언을 줄이는 것이다. 췌언은 사실 쓸데없는 군더더기의 말을 뜻하는 광범위한 개념인데, 내게는 그런 불필요한 말이 이러한 감탄사의 사용이다. 물론 저러한 말도 상황에 따라 필요한 경우가 있지만, 습관처럼 굳어진 감탄사가 말하기의 흐름과 리듬을 방해한다고 느낀 이후로 이 습관을 버리기 위해 부단히 노력 중이다. 사실 쇼호스트 활동을 시작하기 전까지는 이 부분이 크게 문제가 된다고 느끼지 못했다. 오랜 기간 스피치를 연습했고 현업에서 일하며 누가 봐도 말을 잘하는 사람이라는 객관적인 인증이 있었기 때문이다. 그런데 쇼호스트 활동을 시작하고 화면을 통해 나의 말하기를 적나라하게 복기하게 되자, 쓸데없는 췌언의 사용이 얼마나 부족한 모습인지를 알게 됐다.

이처럼 오랜 기간 신경쓰고 훈련한 전문가도 자신의 말하기의 부족한 부분을 알아채기 어려운데 전문가가 아닌 사람들은 특별한 계기가 있지 않는 한 알아차리기 쉽지 않다. 그래서 우리는 의식적으로 나의 말하기를 한 발짝 떨어져서 바라보고 버려야 하는 습관을 찾아내야만 한다. 그러한 습관을 찾아놓고 보면, 그간 이유를 알 수 없었던 대화의 어려움이나 말하기가 어색했던 근본적인 원인을 많이 발견할 수 있기 때문이다. 심지어 평소 말을 잘한다고 자부하던 사람도 적나라한 자신의 말하기를 마주하면 상당한 충격을 받을 수도 있다.

실제로 나 역시 대학 시절 모든 발표 과제의 발표를 맡고 교내 토론대회, 스피치 대회 등 말하기가 있는 곳이라면 어디에나 참여했을 정도로 말하기에 자신이 있었다. 그러다 그 당시 발표과제의 일환으로 리포터 형식으로 취재하는 모습을 영상으로 담아 제출한 적이 있는데, 완성된 영상을 10초도 못 보고 꺼버릴 수밖에 없었다. 남의 시선에서 처음 본 나의 말하기가 이렇게 형편없었다는 사실이 상당히 충격적이었기 때문이다. 말 사이사이마다 지금보다 훨씬 많은 췌언을 사용하는 것은 물론이고 간결함 없이 장황하게 쏟아내거나 같은 의미의 말을 두 번씩 하는 등 고쳐야 될 부분이 한둘이 아니었다. 그 영상을 본 이후로 굉장히 많은 부분을 고쳐나갔는데, 그때 고쳤던 부분이 말하기를 업으로 삼기 위해 본격적으로 준비하며 고친 부분보다 훨씬 많다. 그만큼 처음 나의 말하기를 객관적으로 마주한다는 것은 앞으로 나의 말하기가 발전하기 위해 상당히 중요한 부분이다. 조금 과장하자면 10년 전 그때 그 모습을 발견하지 못하고 버리지 못했다면, 지금 이 일을 하고 있지 못했을 거라고도 생각한다. 그때 버리지 못했다면 지금 담지 못했을 것이다.

그렇다면 본격적으로 나의 말하기를 마주하기 전에, 사람마다 말하기의 나쁜 습관은 모두 다르지만 일반적으로 많은 사람들이 가지고 있는 습관들은 어떤 것이 있는지 살펴보자. 이 내용들을 토대로 자신의 말하기를 돌아본다면 훨씬 수월하게 버리고 담을 것들을 판단할 수 있을 것이다.

먼저, 가장 많은 사람들이 가진 습관인 '중언부언'이다. 중언부언은 같은 말을 되풀이하거나 주제를 겉돌며 의미 없는 이야기를 덧붙이는 말하기를 뜻한다. 중언부언하는 말하기 습관은 듣는 사람으로 하여금 피로감을 느끼게 하고 피로감은 대화의 집중을 떨어뜨려서 나에 대한 호감도를 급감시키는 요소이다. 우리가 중언부언 하는 이유는 머릿속으로 정리하지 않고 일단 뱉으면서 시작하기 때문이다. 아무리 애드립에 뛰어난 쇼호스트도 머릿속에 할 말을 정리하지 않고 뱉으면 가끔 실수하기 마련이다. 중언부언하는 말하기는 흡사 격투기 대결에서 눈을 감고 주먹을 휘두르는 것과 같다. 상대방은 한 명이고 목표 역시 주먹을 맞춘다는 것 하나인데, 먼저 치고 싶다는 조급함에 눈을 뜨기도 전에 주먹부터 휘두르는 것이다. 휘두르다 보면 결국 맞기야 하겠지만, 그 상황을 눈을 뜨고 지켜보는 상대방과 관중들은 뭐 하는 건가 싶을 것이다. 그런데 의외로 많은 사람들이 허공에다가 중언부언의 말을 휘두르는 경우가 많다. 그런 만큼 이 부분을 고쳤을 때의 효과도 상당히 크다. 뒤의 실전 챕터에서도 이야기하겠지만, 매력적으로 말하기의 가장 중요한 스킬 중의 하나가 말은 줄이고 간결하게 치는 것이다. 그래서 중언부언하는 습관만 버려도 상당히 많은 부분에서 말하기의 발전을 이룰 수 있을 것이다.

두 번째는 앞서 이야기한 '췌언'의 남용이다. 사람들은 생각보다 훨씬 더 많이 '음', '아' 등의 췌언을 많이 사용한다. 보통 말을 할 때 내용이 머릿속으로 제대로 정리되지 않았거나 긴장했을 때, 할 말이 없을 때 많이 사용하게 되는데, 당장 이러한 췌언을 사용하는 것 자체보다 이 부분이 습관처럼 굳어져서 잘 말할 수 있는 상황에서도 자동으로 사용되는 경우가 많다. 그렇게 되면 공적인 업무나 관계 속에서도 불필요한 췌언이 들어가게 되고 췌언 사용이 늘어나면 말의 전달력이 상실되기 때문에 이 습관은 하루 빨리 버리는 게 좋다. 특히 음, 아 등의 감탄사형 췌언뿐만 아니라, 말하기 속에서 맥락과 상관없이 특별히 자주 쓰이는 단어가 있다면, 췌언으로 간주하고 줄여야 한다. 예를 들어 자주 사용하는 대표적인 췌언형 말들인 진짜, 인간적으로, 솔직히, 아니, ~적인, ~ 부분 등의 말은 어색함은 없지만 지나치게 쓰이면 신경 쓰이는 말들이다.

세 번째는 당연하게도 '비속어'의 사용이다. 욕설을 포함한 품위 없게 여겨지는 모든 말을 포함하는 말들은 무조건 쓰지 않을수록 좋다. 비속어는 그 어떤 대상, 상황, 장소에서도 나에게 플러스가 되는 경우가 없다고 생각하는 게 편하다. 보통 아주 친한 친구들끼리 함께 있으면 비속어를 많이 사용하고 그렇게 사용하는 것이 오히려 친한 관계를 보여주는 모습이라고 생각하곤 한다. 하지만 그 상황 자체에서는 아무 문제없고 오히려 기분을 올리는 기폭제의 역할로 쓰일지 모르겠지만 그런 식의 사용은 언젠가 분명 나도 모르게 불필요한 상황에서도 불쑥 튀어나오는 가능성을 높이게 된다. 친한 친구들 사이에서 비속어를 사용하지 않는 게 문제가 될 리는 없지만, 비속어를 사용해서 생기는 불안 요소는 계속해서 쌓여만 갈 뿐이기 때문에 비속어 사용 자체를 줄이는 것이 훨씬 현명한 방법이라고 말하고 싶다. 그렇게 공과 사의 비속어 사용 모습의 간극이 너무 크게 되면 혹여나 공적인 상황에서 실수했을 때 상대방이 나에게 느끼는 불편함의 반작용이 훨씬 크게 다가오게 된다는 걸 명심하자. 한 번쯤 아주 중요한 자리에서 나도 모르게 비속어가 튀어나오는 상상을 해본다면, 등골이 오싹해지며 조금씩 줄여야겠다는 결심을 하는 데 도움이 될 것이다.

그래서 우리는 이러한 세 가지 모습을 포함한 다양한 나의 나쁜 말하기 습관을 적나라하게 마주함으로써 고쳐 나가야 하는데, 나의 말하기를 마주하는 방법은 여러 가지가 있다.

가장 간편하고 효과적인 방법으로 통화녹음을 통해 들어보는 방법이다. 편하게 통화할 수 있는 사람과 통화할 때 녹음을 누르고 통화를 한 뒤 들어보면 되는데, 아마 통화녹음을 누른다는 행동 자체만으로 이미 자연스럽게 통화하기 어렵게 돼버릴 수 있다. 그럴 때는 휴대폰 설정을 통해 통화 연결 시 자동으로 통화가 녹음되게 설정해 놓고 진행하면 훨씬 자연스럽고 적나라한 나의 말하기를 들을 수 있을 것이다. 의식하지 않는 것이 가장 좋지만 의식한다 해도 큰 상관은 없다. 아마 아무리 의식해서 통화해도 처음 녹음한 통화를 들었을 땐, 이미 나도 모르게 담긴 너무나 많은 나의 말하기 습관이 담겨있을 것이기 때문이다. 목소리나 발음, 발성보다 먼저 앞서 이야기한 세 가지를 중심으로 가지를 뻗어가며 불필요한 습관을 하나씩 찾아보길 바란다.

이외에도 실제 면대면 만남 현장에서 휴대폰으로 녹음을 하고 들어본다던가, 학교나 직장에서 발표하는 상황을 촬영해서 본다던가 하는 여러 가지 방법을 적용할 수 있다. 중요한 것은 한 가지 상황이 아니라,

대상별로 상황별로 다양한 관점에서의 나를 관찰할 수 있도록 진행해보는 것이 좋다. 표본이 많을수록 더 정밀한 관찰이 가능해서 더 많은 습관을 고쳐나갈 수 있을 것이다.

복잡하게 이야기했지만 이러한 습관들은 보통 인식하는 것만으로도 상당 부분 해결된다. 특별히 이 모습을 고치기 위해 노력할 필요는 없다. 왜냐하면 세계 그 어느 나라보다 보여 지는걸 중시하는 대한민국 사람의 특성 상, 나의 부족한 모습을 알게 되는 순간 그 모습이 고쳐지기 전까지는 내가 의식하지 않아도 그 생각이 머릿속을 떠나지 않을 것이다. 그러니까 일단은 앞선 방법들로 나의 말하기를 객관적인 시선으로 직접 만나보자. 처음에는 꽤 충격적일 수 있으나 상심할 필요 없다. 100명의 사람이 있다면, 자신의 말하기를 발전시키기 위해 이 과정을 직접 해보는 사람은 아마 5명도 되지 않을 것이다. 단순히 내 말하기와 마주하는 것만으로도 95명보다 앞서서 시작하는 것이니 오히려 자부심으로 시작해보길 바란다.

앞서 이야기한 5개의 챕터를 통해 나의 말이 매력이 없는 이유에 대해서 살펴보며 다소 힘 빠지고 답답했으리라 생각된다. 하지만 이제 이유를 알았으니 고치고 성장시킬 일만 남은 것이다. 이후에는 말하기의 함정에 빠지지 않으면서 실전에서 써먹기 위한 준비를 하고, 그 준비를 실전에서 발휘할 기술들을 배울 차례다. 기술이라고는 하지만 특별히 어려운 과정은 없다. 그저 인식을 바꾸고 새로운 시각을 탑재하는 과정일 뿐이니까 말이다.

# 제2장
# 함정에 빠지지 않는 말하기

# 옳다는 가치의 함정

최근 온라인 커뮤니티를 중심으로 '옳그떠'라는 말이 유행처럼 떠돌고 있다. '옳고 그름을 떠나서.'를 줄인 말인데, 어떤 콘텐츠가 만들어졌을 때 내용의 옳고 그름과 상관없이 분위기를 흐리는 민감한 주제라면 배척한다는 의미를 담고 있다. 예를 들어 정치, 종교 등의 민감한 주제들은 완벽한 논리와 근거를 가진 옳은 이야기여도 그 주제를 언급했다는 것만으로도 댓글창은 전쟁터가 돼버린다. 그러니 운영자는 물론이고 일반 이용자들까지 옳고 그르고를 떠나서 문제가 될 수 있는 콘텐츠는 알아서 배척하는 것이다.

지금부터 이야기할 부분이 바로 이 '옳다는 가치의 함정'이다. 누군가와 이야기를 할 때, 분명 틀린 말도 아니고 논리적으로도 완벽한데 이상하게 분위기가 싸해지고 자리가 불편해졌던 경험이 있을 것이다. 그 이후로는 왠지 그 사람과 이야기하는 걸 꺼리게 되고 그런 모습이 반복되면 그 사람 자체를 멀리하게 되기도 한다. 반대로 생각해보면, 아직도 이유를 모르겠는 갑자기 나와 멀어진 그 사람. 그 사람도 나에게 그런 모습을 느꼈을 수도 있다. 옳다는 가치의 함정에 빠진 말하기는 가장 효율적으로(?) 내 매력을 떨어뜨리고 관계를 망치는 방법 중에 하나이다. 사람은 누구나 과시욕이 있다. 각종 사치품으로 재력을 과시하는 건 기본이고 잘 먹는 것, 잘 보는 것, 잘하는 것 등 내가 조금이라도 뛰어난 부분이 있으면 자랑하고 싶은 게 사람의 본능이다. 하지만 그중에서 가장 참을 수 없는 과시욕은 역시 내 머릿속에 있는 지식과 정보의 과시일 것이다. 내가 입 밖으로 내지 않으면 있다는 사실을 상대방이 절대 알 수 없기 때문에 나도 모르게 과시하고 있는 경우가 많다. 그런데 아이러니 하게도 사람들이 가장 보고 싶지 않아 하는 과시 역시 지식과 신념에 대한 과시이다.

옳다는 가치의 함정에 빠지는 가장 큰 이유는 옳다는 것은 어떠한 조건에도 변함없는 가치를 가진다는 믿음 때문이다. 이 내용이 옳다는 것에 대한 나름 공신력 있는 근거를 가지고 있다면, 상황과 조건이 바뀌어도 이 내용은 그대로 그 가치를 유지한다고 생각하는 것이다. 하지만 이 이야기가 옳던 옳지 않던, 근거가 있든 없든 그런 것은 아무 의미 없다. 당신이 꺼낸 이야기가 이 자리와 상황을 불편하게 만들고 있다면, 미안하지만 그 이야기의 옳은 가치에 대해서는 아무도 관심 없다. 그저 어색한 웃음을 지으며 당신의 이야기가 빨리 끝나기만을 바랄 뿐이지. 이 모습이 위험한 이유는 그 생각에 매몰돼버리기 때문이다. '나는 지금 옳은 이야기를 하고 있으니까 모두가 내 이야기를 관심 있게 듣겠지.', '다들 잘 모르는 거 같으니 내가 알려줘야겠다.' 하는 근거 없는 확신이 생기기 때문에 주변의 반응을 이성적으로 확인하기가 어렵다. 만약 내가 정치인이고 정책에 대한 대국민 토론을 하는 자리라면, 그러한 가치를 마음껏 주장해도 된다. 하지만 우리가 지금 대화하는 이 자리가 정치를 논하는 자리인가? 아니면 인류가 당면한 시급한 문제의 해결 방법을 모색하는 자리인가? 우리가 대화하는 자리는 그저 친구들과의 술자리, 동료들과의 식사 자리, 거래처 직원과의 커피 한잔하는 자리라는 것을 명심하길 바란다. 지금 나누는 이야기가 마침 내가 잘 알고 있는 내용이라고 해도 그저 자리에서 나온 많은 대화들 중 지나가는 하나의 주제에 지나지 않는다. 그런데 그 내용 자체에 매몰되어 내가 알고 있는 가치관을 상대방에게 강요하고 있진 않은지 생각해봐야 한다.

내가 알고 있는 내용이 100% 옳다고 해도 상대방이 관심 없는 이야기라면 그저 TMI를 쏟아내는 것밖에는 안 되는 것이다. 이 자리의 목적은 단순한 친목, 영업, 접대 등 지극히 일상적인 부분이었다는 걸 떠올린다면, 옳다는 가치의 함정에 빠져서 대화의 내용에 매몰되어버린 자신을 발견하고 아차 싶을 것이다. 설령 내가 억척스럽게 강조한 그 이야기가 실제로도 옳을지언정 평범한 대화의 상황에서만큼은 옳지 않았다는 것이다.

그런데 우리는 이러한 상황을 하나하나 생각하고 피하기가 어렵다. 앞에서도 이야기했지만 옳다는 가치의 함정은 나도 모르게 빠져들고 내가 빠졌는지조차도 파악하기 어렵기 때문이다. 하지만 지금부터 제시하는 3가지만 기억한다면, 최소한 옳다는 가치의 함정에 빠져서 자신의 이미지를 억척스러운 고집쟁이로 만드는 일은 없을 것이다.

먼저, 동서고금을 막론하고 꺼내기만 하면 자리를 피 터지는 투기장으로 만드는 주제. 정치, 종교, 성별과 관련된 이슈는 절대 내 입으로 먼저 꺼내지 않아야 한다. 많은 경험을 통해 이 주제가 민감하고 위험하다는 건 어렴풋이 알고 있지만, 내 가치에 반하는 이야기를 들으면 입이 근질거려서 참기가 어렵다. 이러한 부분에 대해서 적절히 피해 돌아가는 방법을 알려줄 수도 있지만, 이 주제만큼은 일절 꺼내지 않는 게 무조건 좋다고 말하고 싶다.

가장 큰 이유는 많은 사람들이 이 주제들이 사회적으로 민감하다는 것을 인식하고 있기 때문에, 해당 내용을 나누는 것 자체를 꺼려하기 때문이다. 사회적으로 꺼려하는 주제를 구태여 꺼내는 것 자체가 자리를 불편하게 만드는 것이다. 보통 확실하게 중립을 지키며 이야기하면 괜찮다고 생각하지만, 아무리 중립을 지키려 해도 듣는 사람 입장에서는 내가 기울여진 쪽을 쉽게 느낄 수 있다. 이 부분은 친분이나 관계의 종류를 막론하고 어떤 사이라도 동일하게 적용된다. 아마 친한 친구들 사이에서 정치 얘기가 나왔다가 언성이 높아지는 경우를 자주 봤을 것이다. 혹은 연인과 젠더 이슈에 대해 이야기하다가 서로에게 실망하고 싸우는 경우도 적지 않다. 그렇기 때문에 어떤 대상, 상황에서도 내 입으로 먼저 이 주제를 꺼내는 건 절대 금물이다.

그리고 만약 상대방이 먼저 이 주제를 꺼냈다고 해도 적당히 반응하고 넘기는 게 좋다. 일단 이야기가 시작되면, 옳고 그름에 대해서 판단할 수 없을뿐더러 명확한 근거라는 것도 존재하지 않기 때문이다. 그런데 대부분 자신이 가지고 있는 가치에 대해 확신은 있기 때문에 결론이 나지 않는 입씨름만 계속하게 될 것이다. 혹여나 이야기를 시작한 쪽이 나와 동일한 방향의 가치를 가졌다고 판단돼도 깊게 들어가지 않는 것을 추천한다. 아마 비슷한 가치를 가졌다는 생각이 들면 신나게 대화를 이어가려고 할 텐데, 아무리 같은 방향의 가치를 가졌다고 해도 깊게 들어가면 그 수준이나 디테일한 요소에서 분명 갈리는 부분이 있을 것이다. 그렇게 되면 다른 방향의 가치를 가진 것과 큰 차이가 없이 또 대화의 갈등이 생기게 된다. 이 주제들은 결국 높은 확률로 문제를 야기하기 때문에 어떤 이유에서건 애초에 꺼내지 않는다고 생각하는 게 편하다.

둘째로 조언과 참견을 잘 구분해야 한다. 상대방과의 대화에서 내가 도움을 주고 싶은 주제의 이야기가 나와도 내 말이 적절한 조언인지 참견인지 잘 구분에서 건네야 한다. 이러한 상황은 보통 상대방이 특정한 고민에 대해서 이야기하거나 이미 지나간 일에 대해 복기하는 이야기를 할 때 많이 나타난다. 만약 그 주제에 대해 전하는 나의 생각이 상대방에게 적절한 조언이 된다면 더할 나위 없이 좋겠지만, 조금만 핀트가 어긋나도 쓸데없는 참견이 될 수 있기 때문에 특별히 조심해야 한다.

조언과 참견을 쉽게 구분하는 2가지 방법이 있다. 먼저 상대방이 먼저 조언을 요청한 상황에서는 내 생각을 적절하게 잘 전달해도 괜찮다. 먼저 조언을 구했다는 것 자체로 이미 나라는 사람과 그 배경에 대해 확실한 근거가 있다는 뜻이기 때문이다. 다만, 이 과정에서 중요한 부분은 주제를 벗어나지 않아야 한다는 것이다. 예를 들어 상대방이 이직에 대한 고민이 있다며 먼저 이직한 나에게 조언을 구한다고 했을 땐, 이직 과정과 전략에 대한 실질적인 조언만 해주면 된다. 그 조언에 얼마 안 다녔는데 벌써 이직이라느니, 이직하려는 회사의 수준이 어떻다느니 하는 이야기는 덧붙일 필요가 없다. 이미 이직을 결정한 시점에서 모든 판단을 끝낸 상대방의 결정에 큰 실례가 되기 때문이다.

두 번째로, 상대방이 조언을 구하지 않았는데 내가 일방적으로 전하는 조언은 대부분 상대방에게 참견으로 받아들여질 가능성이 크다. 그러니까 상대방이 따로 조언을 요청하지 않은 상황에서는 일단은 먼저 나서서 내 조언을 전하지 않는 것이 좋다. 그럼에도 내 조언이 꼭 필요해 보이는 상황이라면, 상대방이 조언을 요청하도록 상황을 만들면 된다. 예를 들어 직장 내에서 상사와의 불편한 관계 때문에 고민인 이야기를 한다고 했을 때, 나도 얼마 전까지 상사랑 불편했는데 요즘은 괜찮아졌다는 이야기를 슬쩍 던지는 것이다. 만약 상대방이 그 이야기를 듣고 내 경험에 비춘 조언을 듣고 싶으면 먼저 그 과정과 방법에 대해 물을 것이다. 그 이야기를 꺼냈는데도 딱히 반응이 없다면 상대방은 내 조언이 필요 없는 것이기 때문에 나서서 참견할 필요가 없다. 상대방이 필요한 이야기를 전해주는 게 조언인데, 우리는 상대방의 생각을 알 수 없기 때문에 상황을 만들어 필요한지에 대해 파악하는 과정을 거치는 게 좋다.

마지막으로 비난하지 않아야 한다. 옳다는 가치의 함정에 빠져서 나의 이미지를 깎아 먹는 가장 큰 이유가 바로 비난하기 때문이다. 내가 옳다고 생각하면 상대방은 옳지 않다고 여겨지면서 나도 모르게 비난하는 말이 나온다. 앞선 2가지의 함정을 피하고 민감한 주제도 아니며 상대방이 요청한 조언을 해주는 상황이라고 해도 우리는 쉽게 비난하게 된다. 예전에 한 후배가 동기들보다 취업이 늦어져 고민이라며 조언을 구하러 왔다. 본인은 열심히 하는데 왜 혼자만 늦어지는지 고민이라며 찾아왔는데, 그 후배의 현 상황을 보니 한숨이 절로 나왔다. 열심히 했다는 것 치고는 딱히 또래에 비해 나아 보이는 스펙은 없었고 다소 높은 수준의 기업만 노리다 보니 합격이 늦어지는 것이었다. 특히 본인의 스펙은 이미 완성됐는데 운이 없다고 생각하는 것이 가장 큰 문제였다. 약간은 건방진 태도까지 보이는 후배에게 하마터면 필터 없이 비난을 쏟아낼 뻔했다. 끓어오르는 마음을 누르고 차분하게 현 상황에 대해 분석하고 현실적인 해결 방법에 대해서 조언해주었다. 그러자 후배가 뜬금없이 눈물을 보이는 것이었다. 지금까지 조언을 구했던 사람들 모두 자기에게 태도나 현실성이 부족하다며 문제점에 대해 지적하기만 했는데 진짜로 필요했던 이야기를 해준 건 처음이었다는 이야기였다. 약간은 건방진 태도를 가졌던 것도 스스로 자존감이 너무 낮아져서 자기도 모르게 허세를 부리게 됐다는 것이다. 만약 거기서 나 역시 비난을 쏟아냈다면 아마 다른 이들과 다르지 않은 참견으로만 끝났을 것이다. 이처럼 내가 맞는다고 상대방이 틀렸다는 것은 아니라는 사실은 누구나 알고 있지만 막상 그 상황이 닥쳤을 때 그 부분을 정확하게 인식하기는 상당히 어렵다. 그렇기 때문에 이 점을 항상 기억하고 놓치지 않으려고 애써야 한다.

앞선 3가지만 기억한다면 옳다는 가치의 함정에 빠지지 않고 오히려 매력적인 말하기로 상대방에게 호감 있는 이미지를 쌓을 수 있을 것이다. 아무리 유창하게 잘 말한다 한들, 상대방이 귀를 막고 듣기 싫어한다면 절대 잘 말하는 것이라고 할 수 없다. 우리는 늘 매력적으로 말하기 위해 준비해야 한다는 것을 잊지 말자.

# 공감의 함정

    분야를 막론하고 관계와 관련된 대부분의 자기 계발 서적에서 가장 많이 언급하는 개념은 아마 '공감'일 것이다. 관계의 발전, 대화의 기술, 소통의 전략 등 사람과 사람이 연결된 분야라면 공감은 절대 빠질 수 없는 개념이다. 그만큼 공감은 관계에 있어서 가장 중요한 가치임에는 틀림없다. 그런데 우리는 공감에 대해 워낙 많이 듣고 배우다 보니, 공감을 실제 삶에 적용시키는 것이 그다지 어렵지 않은 과정이라고 느끼곤 한다. 그저 잘 들어주고 고개를 끄덕여주며 슬플 때 안아주고 기쁠 때 함께 웃어주는 정도가 공감의 전부라고 생각한다는 것이다. 하지만 제대로 된 공감은 어떤 관계의 기술보다도 어려운 과정이다. 대화의 현장에서 무조건적인 공감은 오히려 상대방에게 불쾌감을 줄 수 있으며,

진심 없는 공감은 상대가 먼저 알아차린다. 공감이라는 말하기의 무기가 생각보다 다루기 쉽지 않다는 것이다.

　나 역시 공감의 함정에 빠져있던 적이 있다. 한번은 한 동료가 프리랜서로서 현장에서 인정받고 일을 늘려가고 싶은데, 마냥 정체되어 있는 자신의 상황이 걱정이라며 고민을 털어놨던 적이 있다. 만나기 전부터 아마 자존감이 많이 낮아져 있을 동료를 위해 말조심을 속으로 계속 다짐하고 있었다. 특히 이미 업계에서 어느 정도 자리 잡은 나의 이야기가 자칫하면 자격지심을 불러일으킬까 봐 정신을 바짝 차리고 만났다. 그렇게 시작된 대화의 술자리에서 동료는 진로에 대한 고민을 털어놓기 시작했고 나는 그 걱정과 초조함을 최대한 공감해주며 동료의 이야기를 계속 들어주었다. 괜히 내가 하는 얘기에 상처를 받을까봐 내 이야기는 최소한으로 줄이고 진심으로 공감하며 대화를 이어갔다. 그런데 어딘가 모르게 동료가 불편해하는 게 느껴졌다. 분명 진심으로 고민에 공감하고 있었고 함께 걱정하며 잘 들어주고 있었는데도 말이다. 그렇게 시간이 흐르고 취기가 오르자 동료가 솔직한 이야기를 털어놨다. 사실 만나자고 한 이유가 고민을 털어놓는 것도 있지만, 먼저 자리 잡은 나에게 적절한 조언과 팁을 듣고 싶었다는 것이다. 본인의 입으로 그런 이야기를 하는 건 자존심이 상해서 고민을 털어놓다 보면 자연스럽게 그런 이야기들을 해줄 줄 알았는데, 계속 듣기만 하는 내 모습을 보면서 오히려 답답하고 질투가 났다는 이야기였다.

그 이야기를 듣고 그동안 쌓아왔던 공감에 대한 나의 가치관이 무너졌다. 그저 진심으로 잘 들어주고 이해하고 감정을 공유해주는 것이 최고의 공감이라고 생각했는데, 제대로 된 공감은 그런 표면적인 것이 전부가 아니었던 것이다. 단순히 대화하는 현장을 넘어서 그 동료가 처한 환경, 상황, 조건 등을 고려하고 선을 넘지 않는 수준에서 적절하게 조언을 주는 것이 그 친구에게 필요한 진짜 공감이었던 것이다.

우리는 매일 새로운 사람을 만난다. 아니, 같은 사람을 만나도 그 사람의 삶은 매일 새롭고 또 다르다. 그런데 우리는 각종 매체에서 전하는 공감의 중요성만 가지고 모든 사람들에게 똑같은 공감의 잣대를 들이댄다. 물론 듣기는 공감의 기초이기도 하고 때로는 들어주기만 하는 모습도 필요하긴 하다. 사실 그렇게만 해도 마이너스가 될 일은 잘 없긴 하다. 하지만 우리는 지금 좋은 사람이 되는 방법을 이야기하는 게 아니라, 매력적으로 말하기 위한 준비를 하고 있다는 것을 명심하길 바란다. 상대방에게 전적인 공감을 보내는 대화에서도 나는 결국 말을 해야 하고 어차피 말을 해야 한다면, 조금 더 매력적으로 공감하는 말하기를 해보자는 것이다. 지금껏 고개 끄덕임과 감탄사, 대답만으로 점철되었던 공감에서 한 발짝 더 나아가보자.

먼저는 상대방의 감정이 아니라 상황에 대해서 먼저 파악하고 그 부분에 대해서 이야기를 꺼내 보는 것이다. 보통은 상대방이 어떤 이야기를 할 때, 공감해주기 위해서 가장 먼저 감정을 공감해주려고 한다.

예를 들어 상사에게 크게 혼나서 힘들어하는 친구의 이야기를 들어줄 때, 친구가 지금 얼마나 상심해있고 속상해하는지에 포커스를 맞추고 "진짜 속상했겠다.", "많이 힘들었지." 등의 감정과 연결된 리액션으로만 공감해주는 경우가 많다. 하지만 이러한 공감은 지금의 감정은 나눌 수 있지만, 대화의 연결이 금방 끊어져서 상대방이 본인의 이야기를 충분히 털어놓기에는 부족하다. 이때, 감정 자체에 먼저 포커스를 맞추지 말고 상대방이 자신의 스토리를 충분히 이야기하면서 쌓인 감정을 풀어낼 수 있도록 유도해주는 것이다. 예컨대, "갑자기 상사가 왜 그런 얘기를 한 거야?", "예전에도 그런 적 있어?" 등의 상대방이 스스로 이야기를 풀어갈 수 있도록 상황에 대한 질문을 던짐으로써 감정이 쌓인 스토리 전체를 들어주는 것이다. 그러면 상대방은 '이 사람이 그냥 나를 위로해주는 게 아니라, 지금 내 상황에 대해 진심으로 관심을 가지고 함께 이해해주려고 하는구나.'라는 생각이 들게 되는 것이다. 그러면 상대방은 단순히 감정을 공감해줄 때보다 훨씬 더 마음을 열고 나와 대화하려 할 것이다. 사실 말하기 기술의 관점으로 봤을 땐, 특별히 무언가를 한 것도 아닌데 이러한 접근 방식을 바꾸는 것만으로도 상대방에게 당신은 훨씬 매력적인 사람이 된다. 여담이지만, 이 책 전체에 걸쳐서 할 이야기들 대부분이 특별한 어떤 기술이나 훈련을 요하지 않는다. 그저 관점을 바꾸고 편견을 버리고 새로운 준비를 하는 것만으로도 충분히 매력적으로 말할 수 있다는 사실을 기억하기 바란다. 다시 주제로 돌아와서, 감정의 공감보다 상황에 대한 화두를 던져서 상대방이 자신의 이야기를 충분히 풀어낼 수 있도록 했다면 그 이후에 감정에 대해 공감해주면 된다. 그러면 처음부터 감정만 공감했던 것보다 훨씬 더 상대방과 가깝게 대화할 수 있을 것이다.

두 번째는 근거 없는 공감을 보내지 말아야 한다는 것이다. 흔히 '무조건적인 공감'이라고 해서 상대방이 처한 상황과 조건을 제쳐놓고 일단은 감정과 마음에 공감해주는 것이 좋다는 말이 있다. 하지만 공감을 보낼 때 상대방이 납득할만한 근거가 없이 말로만 전하는 공감은 오히려 상대방으로 하여금 진정성을 느끼지 못하게 할 수 있다. 그래서 공감의 말을 전할 땐 꼭 그에 대한 근거를 섞어서 이야기하는 것이 좋다. 예를 들면 상대방이 연인의 뜸한 연락에 대해 서운하다며 이야기를 꺼냈을 때, 그냥 '섭섭하겠다.', '짜증나겠다.'는 단순한 공감을 보내는 것이 아니라, '그러게 쉬는 날에도 연락을 잘 안 하는 건 섭섭하긴 하겠다.'는 식으로 내가 그 상황에 공감하는 근거를 덧붙여 이야기하는 것이다. 별것 아닌 것 같지만 이렇게 했을 때 상대방에게 내가 너의 이야기를 경청하고 있었다는 것과 진심으로 그 상황에 공감하고 있다는 두 가지의 긍정적인 신호를 보낼 수 있다.

사실 경청이라고는 하지만 특별히 신경 써서 할 필요는 없다. 왜냐하면 누구나 자신의 감정을 이야기할 때 그 감정이 생겨난 배경에 대해서 먼저 얘기를 꺼내게 되는데, 나는 그저 그 스토리와 공감을 연결만 해서 말하면 되는 것이다. 그리고 뒤에서도 이야기하겠지만, 남의 이야기를 들어주는 건 생각보다 상당히 큰 에너지를 요한다. 마냥 쉽지 않다는 것이다. 그래서 상대방으로 하여금 자신의 스토리를 빨리 풀어내어 이야기가 진행되는 시간을 줄이는 게 스스로에도 좋은데, 이를 위해서라도 상황을 근거로 깔고 공감의 말을 해주면 상대방이 자신의 이야기를 더 잘 풀어낼 수 있게 된다.

　마지막으로 공감에 종종 의문을 섞어주는 것이 좋다. 이 부분은 공감은 그저 들어주고 맞춰주는 것이라는 일반적인 인식과는 조금 어긋나는 방법인데, 개인적으로 진짜 공감은 여기서부터 시작이라고 생각한다. 앞선 공감의 근거를 만드는 이유와 같은 맥락인데, 종종 상대방이 공감을 바라는 이야기에 가벼운 의문을 섞어줌으로써 경청하고 있다는 인식과 자신의 이야기를 더 풀어낼 수 있는 기회를 주는 것이다. 여기서 말하는 의문은 상대방의 이야기가 이해되지 않는다는 식의 물음이나 이미 이야기한 사항에 대한 의미 없는 물음이 아니다. 이야기의 내용에 대한 추가 설명을 할 수 있는 요소나 감정의 구체적인 묘사 등의 흐름을 방해하지 않는 가벼운 질문이다. 예를 들면 친구가 팀플 과제에서 비협조적인 팀원 때문에 고민을 이야기한다고 하면, '그 사람 말고는 다 협조적이야?'라는 질문으로 그 상황에 대한 구체적인 스토리와 감정을 더 풀어낼 수 있도록 유도하는 것이다. 혹은 '그냥 무시하고 진행하기 어려울 정도로 신경 쓰였어?' 정도의 질문으로 상대방이 느끼는 감정의 수준에 대해 더 털어놓을 수 있도록 유도할 수도 있다. 이러한 질문은 역시 상대방으로 하여금 내가 진짜로 잘 들어주고 있다는 사실과 감정을 더욱 풀어낼 수 있도록 도와준다. 이는 상대방이 나에게 더욱 진실한 이야기를 풀어내면서 자연스럽게 나에 대한 호감 역시 올라가도록 해준다. 핵심은 이야기의 흐름을 해치지 않아야 한다는 것이다. 공감에서 가장 위험한 요소 중의 하나가 상대방이 열심히 풀어내고 있는 이야기에서 뜬금없이 샛길로 빠져 흐름을 바꾸는 모습이다. 내 의도가 어쨌든 상대방은 맥이 빠지고 더 이야기하는 동력을 잃어버린다. 그렇게 되면 더 이상 나에게 공감을 바라고 깊은 이야기를 하지 않으려 하게 되고 그 사람과의 관계도 그런 이야기를 나누지 않는 정도에서 멈춰버리게 될 것이다. 흐름을 방해하지 않는 가벼운 질문으로 진짜 공감의 모습으로 매력적인 공감을 보여주길 바란다.

말하기에서 공감은 상당히 중요한 요소다. 특히 공감하는 모습은 상대방에게 나의 이미지를 긍정적으로 심어주고 작은 말하기로도 매력적으로 말하는 사람이라는 인식을 심어주기 가장 쉬운 방법이다. 그런데 이처럼 가벼운 방법인 만큼 많은 사람들이 제대로 공감해주기보다는 공감하는 흉내를 내는 데서 그친다. 이 점은 우리에게 큰 기회이다. 앞선 3가지의 방법으로 공감이 필요한 상황에서 제대로 공감해줌으로써 어렵지 않게 당신의 매력을 한껏 높일 수 있다. 만약 이러한 상황을 하나하나 생각하기 어렵다면 내가 원하는 공감에 대해서 떠올리면 쉽게 이해하고 적용할 수 있다. 내가 듣고 싶은 공감의 이야기가 그저 고개를 끄덕이는 것인지, 아니면 나의 상황과 감정에 대해 궁금해 하며 내가 이야기한 부분을 놓치지 않고 기억해서 복기하며 따라와 주는 것인지 생각해본다면 어렵지 않게 상대방에게도 적용할 수 있을 것이다.

# 웃음의 함정

얼마 전 온라인에서 한 아이돌 걸그룹 멤버의 웃음소리가 화제가 됐던 적이 있다. 샵에서 헤어 세팅을 받고 있던 멤버 곁으로 관계자로 보이는 한 남자가 다가와서 뜬금없이 칭찬을 하는데, 해당 멤버는 가벼운 웃음으로 화답한다. 상황만 봤을 때는 전혀 이상할 게 없는 모습인데, 댓글창은 여자들의 현실 반응이라며 달아올랐다. 화답으로 던진 가벼운 웃음이 마치 염소 울음소리 같은 "아, 하. 하. 하. 하. 하."였기 때문이다. 이 영상의 베스트 댓글은 전형적으로 불편할 때 내는 웃음소리라며, 꼭 기억해놓으라는 이야기였다.

우리는 보통 웃음은 대화에 있어서 긍정적인 반응이라고 생각한다.

그도 그럴 것이 우리의 뇌리에 박힌 웃음의 교과서적인 정의는 기쁨, 즐거움 등의 직관적인 긍정 반응과 연결되어 있기 때문이다. 하지만 학창 시절을 지나고 사회생활을 보내며 나이를 먹을수록 웃음에는 정말 다양한 상황과 감정이 담겨있을 수 있다는 것을 알게 된다.

그런데 앞서 말했듯이, 우리의 머릿속에는 오랫동안 웃음은 긍정적인 반응이라는 정보가 박혀있기 때문에 웃음 앞에 이성적인 판단을 하기 어려운 경우가 많다. 앞서 이야기한 영상 속에서 불편하다는 표시의 웃음을 날렸는데도 눈치 없이 계속 옆에서 말을 걸었던 그 관계자처럼 말이다. 내가 지금 웃음의 함정에 걸린 줄 모르고 혼자만의 대화 레이스를 이어가고 있는 것만큼 나중에 깨달았을 때 부끄러운 것도 없다. 앞선 예시는 꽤 간단한 경우이다. 관계가 어렵고 복잡할수록 웃음의 함정은 더 정교해지고 파악하기 어려워진다.

제약회사 신입 영업사원 시절 모든 것이 낯설고 거래처 원장님들을 만나러 다니는 것이 정말 힘들었던 시절이 있다. 대부분의 원장님들은 내가 오는 걸 그리 반기지 않았고 누구하나 나를 살갑게 맞아주지 않았기 때문이다. 이미 거래중인 거래처도 그런 모습인데, 신규 거래를 뚫기 위해 처음 찾아가는 병원의 냉랭함은 말할 것도 없었다. 그러다 어느 날 거래지역 외곽 쪽의 작은 개인 병원 하나를 발견해서 신규 거래를 위해 처음 방문했는데, 인자한 인상의 여성 원장님이 나를 너무 따뜻하게 맞아주셨다. 내가 하는 이야기에 진심으로 귀 기울여주고 무엇보다 시종일관 웃는 표정으로 대답해주는 모습에 그간의 서러움이 한 번에 가셨다. 그 당시 나의 신입으로서의 패기나 멀끔한 외모가 마음에 들어서인지는 모르겠지만, 어쨌든 호감을 얻고 시작하는 건 기회다 싶어서 열심히 제품 디테일을 하며 영업을 했다. 반응도 긍정적이었고 이후 미팅에 대한 약속도 잡으며 훈훈하게 자리를 마무리했다. 그런데 두 번을 만나고 세 번을 미팅하고 두 달이 지났는데도 우리 회사의 제품을 써주지 않는 것이었다. 매번 만남 때마다 웃으며 긍정적으로 대답해주셨지만, 실제로 거래는 이루어지지 않자 점점 답답해져 갔다. 그런데, 더 답답한 건 그 이유에 대해서 묻거나 신규 거래에 대한 요청을 더 이상 할 수가 없었다는 것이었다. 왜냐하면 갈 때마다 웃으며 따뜻하게 맞아주고 대답도 금방 거래할 것처럼 긍정적으로 해주니까 내가 뭔가 더 요청하면 선을 넘는 것 같은 느낌을 받았기 때문이다. 그렇게 몇 달을 방문했지만 결국 거래는 시작하지 못하고 포기하게 됐다. 이후에 해당 지역 전임자였던 선임에게 물어보니, 그게 그 원장님의 전략이었다는 것이다. 영업사원들이 평소에 거래처에서 홀대당하는 것을 알기에 늘 웃으면서 착하게 대해주면 자신한테 싫은 소리나 거래를 트자는 부담스러운 이야기를 못 하게 된다는 걸 아는 사람이라는 이야기였다.

실제로 병원 원장 입장에서는 하루에도 수십 명씩 찾아오는 영업사원들을 매번 거절하는 것도 일이기 때문에, 생각을 바꿔서 거절할 일 자체를 만들지 않으려고 웃음의 전략을 썼던 것이다. 결국 사회 초년생이었던 나는 웃음의 함정에 빠져서 몇 달을 스스로 희망 고문하며 시간을 날렸던 것이다. 이처럼 웃음은 생각보다 정직하지 않다. 오히려 나이가 들고 사회생활을 오래 할수록 진심에서 나오는 웃음을 보는 것이 훨씬 어려워진다. 그래서 웃음에 대한 오해와 편견을 내려놓고 상황에 따라 공격적으로, 수비적으로 나타나는 웃음의 시스템에 대해서 어느 정도 이해하고 있는 것이 중요하다.

먼저, 웃음의 함정에 가장 빠지기 쉬운 남녀관계에서의 함정이다. 보통 이성 간의 대화에서 웃음을 긍정적인 신호로 받아들이는 경우가 많다. 당연히 호감을 기반으로 한 긍정적인 신호인 경우도 많다. 그런데 웃음은 이성 간에 호감을 유발하는 수많은 요건 중 한 가지일 뿐이다. 비단 이성 관계를 넘어 웃음이라는 게 호감에 기반을 둔 경우는 그저 하나의 경우의 수일 뿐이다. 그런데 남녀 관계에서는 유독 상대방과의 말, 행동, 상황에 따라 웃는 것을 대부분 호감의 표시로 여기는 경우가 많다. 다시 말하지만 단지 말이 재밌어서, 잘 보여야 하는 상황이라서, 내 취향의 유머여서, 원래 웃음이 많아서 등 수많은 이유들 중 하나이기 때문에 이성 관계에서의 웃음은 호감이 아니라고 극단적으로 전제하는 것이 훨씬 낫다. 왜냐하면 그저 얼마 안 되는 가능성 중 하나인 웃음을 호감이라고 판단하고 행동하면 상대방에게 불쾌감이나 부담을 줄 수 있기 때문이다. 이성 간의 상대방에 대한 호감의 신호는 훨씬 직접적인 행동이나 말에 의해서 판단하는 게 서로에게 실수 없는 접근을 할 수 있다는 사실을 명심하자.

실제로 한 친구는 외모도 훤칠하고 무엇보다 말재주가 좋아서 사람과 만나는 자리라면 항상 분위기를 주도하고 웃음을 만들어 낸다. 그런데 이 친구가 종종 억울해하는 부분이 하나 있다. 분명 다 같이 있는 자리에서 누군가 자신의 말에 눈에 띄게 웃어주고 더 긍정적으로 반응하는 이성이 있어서 호감의 표시라는 확신이 들어 대시하면 불편한 기색을 내비친다는 것이다. 이 상황의 문제는 무엇일까? 이성 간의 웃음은 호감의 표시라는 확률 낮은 전제를 철썩 같이 믿고 있다는 것이다. 외모가 매력적인지 아닌지를 떠나서, 원래 웃음이 많고 분위기에 잘 스며드는 사람일 가능성도 충분히 있는데 이성이라는 것 때문에 급하게 오해하는 것이다. 그래서 애초에 이러한 불편한 상황을 만들지 않으려면 웃음을 호감의 지표로 삼지 않아야 한다. 호감일 가능성도 있지만 아닐 가능성이 훨씬 높기 때문에 속으로만 생각하고 다른 직접적인 지표를 찾는 것이 서로 불편해지지 않을 최선의 방법이다.

특히 소개팅 자리에서 나는 상대방이 마음에 들었고 상대방도 함께하는 내내 잘 웃어주며 받아줘서 소개팅이 끝나고 에프터를 신청했는데 거절하는 것도 같은 맥락이다. 소개팅이라는 자리와 관계로 엮인 주선자에 대한 예의로 그 시간에는 최선을 다했을 수 있지만, 호감이 아니었다면 다음 만남은 기약하지 않는 것이다. 차라리 소개팅 내내 잘 웃지 않고 평범한 모습을 비췄다고 해도 에프터를 받아주는 것이 훨씬 더 직접적인 호감의 표시일 것이다. 그만큼 웃음은 작동하는 이유나 조건이 셀 수 없을 정도로 다양하기 때문에, 이성 간의 관계에서 웃음의 함정에 빠지지 않길 바란다.

두 번째는 내가 재밌는 사람이라는 착각에 빠지는 함정이다. 보통 누구나 주변에 늘 재밌는 사람이라는 평가를 듣는 사람이 한 명쯤은 있을 것이다. 그 사람을 한번 떠올려 보자. 그 사람이 재밌는 이야기를 하거나 모습을 보일 때 과연 어땠는가? 아마 평범한 우리의 일상 속의 재밌는 사람은 TV에 나오는 개그맨이나 예능인처럼 뭔가를 작정하고 보여주거나 미리 짜온 소스로 사람들을 웃기는 이미지는 아닐 것이다. 그저 한두 마디씩 툭툭 던지는 게 재밌고 말투나 억양, 행동 등 말할 때 그 사람 자체에서 풍기는 재밌는 기운이 느껴져서 재밌었을 것이다. 결국 잘 생각해보면 평범한 사람들 사이에서 말을 재밌게 한다는 모습은 딱 그 정도인 것이다.

그런데 우리는 이때 웃음의 함정에 빠지는 경우가 많다. 예를 들어 내가 직장 동료들과의 식사 자리에서 어쩌다가 재밌게 잘 말해서 함께 있던 사람들이 신나게 한 번 웃었다고 하자. 처음에는 그냥 기분 좋은 순간으로 넘어갔는데, 이후에 몇 번 비슷한 일이 생기면서 슬슬 자신감이 붙게 된다. '내가 재밌는 사람이구나.'라고 생각하는 순간 어딘가 모르게 말을 뱉을 때 의식하게 되고 스멀스멀 부담이 올라온다. 그리고 어느 날 마침 떠오른 회심의 유머가 있어서 자신 있게 날렸는데 분위기가 그저 그런 민망한 상황을 마주하게 될 것이다. 이게 바로 두 번째 웃음의 함정이다.

　내가 실제로 사람들을 웃음 짓게 했다 하더라도 절대 내가 재밌는 사람이라고 생각하지 않는 것이 좋다. 앞에서도 이야기했지만, 평범한 사람들 사이에서 재밌는 사람은 꾸며내지 않은 자연스러운 웃음을 만들어내는 사람이다. 개그맨이 아닌 이상 작정하고 준비해서 웃겼을 때 웃기는 경우는 거의 없다. 왜냐하면 사람들은 부자연스러움에 대한 본능적인 거부감이 있기 때문에, 설사 그 말이 재밌었다 할지라도 인위적인 부자연스러움이 느껴지면 거부감을 느낀다. 그 부자연스러움이 바로 내가 재밌는 사람이라고 생각하는 데서 오는 것이다. 내가 재밌는 사람이라고 스스로 인식하게 되면, 누구도 신경 쓰지 않는데 혼자 부담을 느끼고 힘이 들어간다. 그러니까 사람들을 많이 웃기고 또 사람들이 나를 재밌는 사람이라고 생각해도 나는 그러한 판단을 하지 않는 것이 좋다. 흔히 멍석 깔아주면 못 한다는 말도 비슷한 맥락인 것이다. 평소에 그냥 툭툭 던지는 말들이 아주 재밌는 사람도 '웃겨봐.'라고 자리를 만들고 시선을 집중시키면 열에 아홉은 못 웃긴다. 나라는 사람 자체에서 나오던 재미가 아니라 재미를 만들어내야 한다는 강박이 평소 내 모습을 앗아가 버리는 것이다. 결론은 사람들이 보내는 웃음의 함정에 빠져서 내가 재밌는 사람이라는 인식을 버리라는 것이다. 그러한 인식 결국 강박을 만들어내고 강박과 웃음은 절대 공존할 수 없다는 사실을 명심하자.

　사실 정상적인 인간관계를 하고 있는 평범한 사람이라면 웃음이 늘 정직하지 않다는 사실을 이미 잘 알고 있을 것이다. 왜냐하면 나 스스로가 먼저 늘 정직한 웃음을 보내지 않기 때문이다. 하지만 이러한 모습이 잘못됐다는 건 아니다. 오히려 사회생활을 영위하는 데 있어서 꼭 필요한 스킬이라고 생각한다. 하지만, 앞선 2가지의 경우는 분명히 인식하고 경계하는 것이 매력적인 말하기에 큰 도움이 된다고 말하고 싶다. 웃음의 함정은 머리로 알고 있어도 감정과 기분에 의해서 쉽게 망각하고 빠져들 수 있기 때문에, 이성 간의 관계와 내 자신을 업시켜서 판단력을 흐리게 하는 앞선 2가지의 경우는 꼭 기억하고 대비하는 것을 추천한다.

# 진심의 함정

현대 민주주의에 큰 영감을 준 윌리엄 펜 작가는 이런 말을 했다. "진심에서 나오는 말만이 사람의 마음을 움직일 수 있고, 밝은 양심에서 나오는 말만이 사람의 마음을 꿰뚫는다." 나는 여기서 진심에 관한 말이 반은 맞고 반은 틀리다고 생각한다. 진심에서 나오는 말만 사람을 움직일 수 있다면 이 세상에 사기꾼의 거짓말에 당하는 사람이 어디 있겠으며, 사랑 고백에 대차게 까이는 사람은 또 어디 있겠는가? 진심이라는 개념은 생각보다 상당히 다루기 어렵다. 게다가 그 진심을 긍정적인 요소로 이용하기 위해서는 꽤 깐깐한 조건들이 전제되어야 한다. 그런데도 많은 사람들은 진심은 늘 통한다는 전제를 철석같이 믿고 따라

가다가 생각보다 저조한 진심의 승률에 좌절하곤 한다.

진심의 승률이 낮은 이유는 여러 가지가 있는데, 가장 큰 이유는 진심의 주체가 '나'라는 것이다. 내가 이 진심에 대해 느끼는 무게를 상대방은 그대로 느끼지 못한다. 그런데 나에게 무겁게 느껴진다고 해서 상대방도 똑같이 무겁게 느낄 거라는 막연한 착각 때문에 그 무게를 받아들일 준비가 되지 않은 상대에게 무심코 던져버리는 것이다. 그러면 상대방은 정제되지 않은 그 진심을 부담으로 느끼게 되고 나와의 거리를 한 발짝 뒤로 무르게 된다. 또 반대로 나에게 무거운 진심을 상대방은 가볍게 받아들여 그 수준에 맞춰 반응하게 되는 경우도 있는데, 이렇게 되면 내가 상처를 받고 상대방에게서 나가떨어지게 된다. 그만큼 진심이라는 개념은 말하기에 있어서 가장 까다로운 도구 중 하나이며, 정제되지 않은 진심은 대화의 도구로써 적절히 쓰이기가 정말 어렵다. 특히 우리가 진심의 함정에 빠지는 모습은 여러 가지가 있는데, 진심의 함정에 빠지는 유형을 아는 것만으로 진심을 이용한 말하기를 훨씬 매력적으로 할 수 있다.

첫째는 진심이라는 개념 자체가 무조건적으로 좋은 의미라고 생각하면 안 된다는 것이다. 진심을 막연히 진실한 마음, 거짓이 없는 깨끗한 마음 정도로 생각하는데 실제 삶에서의 진심은 이러한 좋은 의미보다 안 좋은 의미로 훨씬 더 많이 드러난다. 예컨대, 속으로 품고 있는 좋은 마음은 겉으로도 쉽게 드러내지만, 겉으로만 좋은 척하고 속으로는 싫어하는 마음은 철저하게 숨긴다. 그러니까 우리 마음속에 쌓여있는 진심은 의외로 부정적인 가치가 더 많다. 원활한 사회생활을 위해 부정적인 진심을 숨기는 것이 나쁘다는 것은 아니다. 다만 진심이라는 말 자체가 우리의 막연한 생각 속에 있는 것처럼 마냥 긍정적인 의미만은 아니라는 것을 말하고 싶은 것이다.

　이 포인트를 아는 것이 왜 중요한지는 진심을 이야기하고 싶은 순간이 다가오면 느끼게 된다. 진심은 보통 대화가 깊어지고 관계가 가까워졌다는 확신이 생길 때 나오게 되는데, 평소에는 하지 못했을 이야기가 이때부터는 나오기 시작한다. 술이 한 잔 들어가 취기가 올랐거나 밤이 깊어 감성에 젖어 들었을 때쯤 진심이 나오는 이유도 특정한 요소로 인해 급격히 대화와 관계가 깊어졌기 때문이다. 이런 타이밍이 오면 평소라면 절대 말하지 않았을 마음속에 담아뒀던 부정적인 말들도 진심이라는 미명아래 술술 나온다. 고르고 골라서 깎고 또 깎은 뒤에 최대한 둥글게 꺼내도 불편할 수 있는 그 말이 정제되지 않은 채로 나오면 대부분 불편한 대화로 이어지게 된다. 여기서 오해하면 안 되는 건, 진심을 나누는 것 자체는 관계 증진에 분명히 필요한 과정이다. 다만, 진심을 꺼내는 과정은 훨씬 더 조심스럽고 신중해야 한다는 것이다. 특히 그 진심이 부정적인 것이라면 더욱더 말이다. 그런데, '진심이니까 괜찮아.', '진심을 확실하게 전하는 것도 중요해.' 등의 근거 없는 진심 버프를 믿는 모습은 분명 안 좋은 결과를 불러오게 된다는 것을 명심해야 한다.

　다시 말하지만 진심은 우리가 막연히 생각하는 것처럼 그리 좋은 가치가 아니기 때문에, 훨씬 더 깐깐한 과정을 거친 뒤 입 밖에 내놔야 한다. 내가 품고 있는 진심이 부정적인 가치를 담고 있는 내용이라면, 상대방과의 대화 속에서 상대방이 그 내용에 대해서 어떤 식으로 생각하고 있는지를 파악하는 것이 먼저다. 만약 나와 같은 결의 생각을 가지고 있다는 게 확인되면 그때 이야기하는 것이 좋다. 그렇지 않고 그냥 이야기를 꺼냈다가 상대방이 나와 반대의 생각을 가지고 있으면 그 진심은 상대방에겐 그저 험담이 될 뿐이기 때문이다. 그러니까 부정적인 진심을 이야기할 때는 솔직함이나 직설적이라는 허울 좋은 가치에 휘둘려 그냥 던지는 것이 아니라, 상대방의 의중을 면밀히 살핀 후에 공감할 수 있을 때만 꺼내놓는 것이 좋다.

　두 번째는 완벽한 타이밍 없는 진심은 절대 통하지 않는다는 것이다. 앞선 방법이 부정적인 진심을 이야기할 때 필요한 방법이었다면, 이번에는 긍정적인 진심을 꺼낼 때 필수적인 요소라고 할 수 있겠다. 진심이 통하기 위해서는 상대방과의 관계, 상대방의 기분, 현재 상황, 장소, 시간 등 꽤 많은 요소가 적정 수준에 다 맞아떨어져야 한다. 조금 오버해서 그때의 날씨, 온도, 감정, 주변의 소음까지도 말이다. 왜냐하면 진심이라는 건 그 자체로 상당히 무거운 개념이기 때문에, 상대방이 받아들이기에 부담스러울 수밖에 없다. 진심을 받는다는 건 곧 전하는 사람의 가장 큰 마음을 받아들여야 한다는 것이기 때문에 받는 입장에서도 꽤 큰 결심이 필요하다. 그렇기 때문에 그 과정에서 그를 둘러싼 다양한 요인들이 불편함 없이 완벽해야 여유롭게 받아들일 수 있는 것이다. 어느 하나 불편한 요소로 인해 삐끗하게 된다면 받는 사람 입장에서는 꽉 막아놨던 부담이 본인도 모르는 틈으로 새어 들어와 금세 커져 버리게 된다.

가장 흔한 예가 썸남, 썸녀에게 고백하는 순간이다. 썸이라는 관계는 아직 상대방에게 내 마음을 전하거나 받아줄 만큼의 확신이 없기 때문에 지속되는 모습이다. 그 말은 즉 서로에게 아직 진심을 전하기에는 부담스러운 상태라는 뜻이다. 하지만 지금껏 이성으로서의 적당한 텐션과 감정은 나눠온 상태이기 때문에 그 부담의 간극이 크지는 않다. 그래서 이 상태일 땐, 그 작은 간극을 주변의 요소로 채워줘야 한다. 예를 들어 그날의 만남에서 상대방이 좋아하는 음식과 장소로 데이트 코스를 정하고 옷 입는 스타일이나 머리모양, 영화의 장르까지 상대방의 취향에 완벽하게 맞추는 것이다. 그렇게 되면 아직 확신은 없던 나에 대한 감정의 모자란 부분을 취향에 딱 맞는 요소들의 기분 좋은 감정으로 채울 수 있게 된다. 조금 부담스러울 수 있었던 내가 전하는 진심을 받아줄 준비가 되는 것이다. 사랑이라는 감정에 다소 인위적인 전략에 거부감이 들 수도 있겠지만, 오히려 시간이 지날수록 식어가는 애매한 관계를 발전시킬 수 있는 가장 효과적인 방법이라고 말하고 싶다.

세 번째로 진심의 효과는 빈도와 반비례한다는 것이다. 앞선 2가지의 상황을 잘 이해하고 제대로 된 진심을 전한다고 해도 그 빈도가 잦아지면 진심이 상대방에게 받아들여지는 효과는 떨어지게 된다. 상대방이 부담을 느끼지 않게 완벽한 타이밍에 충분히 공감할 수 있는 주제의 진심을 처음 이야기할 땐 상대방도 잘 듣고 공감하며 내 진심이 충분히 잘 전달될 것이다. 그런데 비슷한 이야기를 얼마 안 가 또 진심이랍시고 말하고 또 말하고 한다면 몇 번쯤 지날 땐 상대방은 그 진심에 대해 큰 감흥을 느끼지 못할 것이다. 나에겐 계속 똑같은 무게의 진심이어도 상대방에겐 이제 지루한 스토리일 뿐이기 때문이다.

대학 시절 군대 전역 후 복학했을 때 어색한 후배들 사이에서 유독 말이 잘 통하는 후배가 한 명 있었다. 워낙 성격도 좋고 잘 따라서 복학 초기에 함께 많은 시간을 보냈다. 그러다 어느 날 후배가 좋아하는 친구에 대한 고민을 어렵게 털어났다. 아무 일도 손에 잡히지 않을 정도로 심각하게 고민하고 있었고, 누구에게도 털어놓지 못한 이야기를 나에게 했던 터라 최선을 다해 들어주고 같이 고민해줬다. 그런데 그 이야기를 거의 이틀에 한 번씩 불려 나가서 듣다 보니까 후배의 힘든 마음이 점점 가볍게 느껴졌다. 자세히 보니 그렇게 힘들어 보이지 않는 것 같고, 그렇게 힘들다면서 그 친구에 대한 이야기를 이야기하는 것 자체를 즐기는 것처럼 보였다. 분명 처음에는 힘들어하는 마음 그 진심 하나만 보였는데, 계속 듣다 보니 나는 조금씩 지쳐가고 다른 불편한 요소들이 눈에 들어왔던 것이다. 아마 실제로는 그렇지 않았을 수 있겠지만, 후배와 만나서 그 이야기를 나누는 빈도가 잦아질수록 후배의 진심을 의심하게 된 것 같다. 진심의 빈도가 잦아지는 것의 위험성이 바로 이런 부분이다. 나에게는 그대로 진심인 것이 빈도가 잦아질수록 상대방에게는 점차 가볍게 여겨지거나 진심 자체를 의심받게 될 수 있게 된다.

비단 같은 주제의 이야기를 계속하는 것뿐만 아니라, 주제가 계속 바뀌더라도 진심을 너무 자주 내비치게 되면 나라는 사람 자체에 대해 호기심과 관심이 떨어지고 어떤 이야기를 해도 상대방에게 큰 매력으로 다가가기 어려워진다.

또한 비슷한 맥락으로 우리는 삶 속에서 의외로 가벼운 진심을 상당히 자주 남발하고 있다. 바로 약속이다. 어떤 형태로든 약속은 체결되는 순간 별문제가 없다면 반드시 지켜질 것이라고 생각한다. 상대방이 이 약속을 지킬 거라고 생각하는 마음에 대해서 의심하지 않는 것이다. 그리고 본인 역시 약속할 당시에는 당연히 지킬 것이라는 진심을 가지고 이야기한다. 그런데 한 쪽에서 그 약속을 지키지 않는 순간 상대방의 진심을 배신하게 되는 것이다. 이렇게 한 번 배신당한 진심은 다음 약속에서 곧바로 회복되지 않는다는 것을 기억해야 한다. 가장 먼저는 약속은 무조건 지켜야 하겠지만, 애초에 지키지 못할 약속은 쉽게 수락하지 않는 것이 좋다. 보통 내가 느끼기에 별것 아닌 것 같은 약속은 쉽게 받아들이는 경향이 있다.

친한 친구들과의 약속 시간에 5분, 10분씩 애매하게 매번 늦는 친구는 어느새 약속 시간뿐만 아니라 다른 부분에서도 친구들의 신뢰를 얻지 못하는 상태가 되어있다. 나에게는 고작 10분 늦는 것뿐이지만, 약속 시간을 지키려고 10분 일찍 나온 친구들에게는 약속을 지키기로 한 서로 간의 진심을 배신당한 거나 마찬가지이기 때문이다. 이러한 가벼운 약속을 지키지 않는 모습이 무서운 이유는 진심을 배신당한 당사자들도 당장에는 크게 부정적인 감정을 느끼지 않는다는 것이다. 그런데 앞서 말했듯이 별것 아닌 것처럼 여겨지는 일이 쌓이면서 그 사람의 이미지가 다른 부분에서도 진실하지 못한 사람이라는 이미지로 고착되게 된다. 이렇듯 진심의 빈도에 대해 경계해야 하는 2가지 모습의 핵심은 내 진심의 이미지를 더 귀하게 여겨야 한다는 것이다. 아무리 내게는 중요하고 무거운 진심이라도 지나치게 남발하거나 가벼운 진심이라도 자주 배신하게 되면, 내 진심의 이미지는 점차 가벼워져 날아가게 된다. 모든 조건을 충족하고 조심스럽게 꺼내도 승률이 높지 않은 진심의 가치를 내가 먼저 나서서 떨어뜨리지 않는 것이 중요하다.

# 제3장
## 매력적으로 말하기 위한 준비

# 말하기 연습보다 중요한 '스누핑' 연습

제약회사 영업사원 시절, 처음으로 영업 현장에 나가 덜덜 떨리는 손을 진정시키며 문을 열고 거래처 원장님을 대면했을 때, 두 달간 피 터지게 공부했던 신입사원 교육은 내게 아무런 도움이 되지 못했다. 그렇다고 자신만만했던 내 말솜씨와 유머, 센스가 빛을 발했냐 하면 그것도 아니었다. 하루에도 수십 명씩 나 같은, 아니 나보다 훨씬 뛰어난 영업사원들을 마주하는 원장님에게 나는 그저 그런 햇병아리 중 하나였을 뿐이었다. 어린 시절부터 말 잘한다는 칭찬을 밥 먹듯이 들어왔던 나는 무너졌고 좌절했다. 그렇게 처참했던 신입시절 한 달간의 좌절을 일으켜 세워준 건 말솜씨도 센스도 아닌 같은 팀 선배가 알려준 '스누핑' 기술이었다.

해킹 용어 중 스누핑이라는 말이 있다. 네트워크상에서 상대의 정보를 염탐해 불법적으로 얻어내는 것을 뜻하는데, 해킹은 물론이고 네트워크 트래픽 분석을 위해서도 필수적인 요소이다.

나는 이 용어를 제약회사 영업사원 시절, 현장 교육에서 처음으로 접했다. 당시 사수였던 선배가 스누핑에 대해서 설명할 때, 제약회사에서 왜 IT 용어를 가르치는지 의아했지만 이내 영업사원에게 있어서 가장 중요한 기술이 바로 스누핑이라는 것을 깨닫게 됐다. 어떤 분야든 영업에서 가장 중요한 건 상품의 정보나 가격의 협상이 아니라, 바로 영업 대상자와의 관계이다. 그래서 보통 영업사원이라고 하면, 대부분 외향형의 성격에 수준급의 말솜씨와 목소리를 가지고 있다. 하지만 의외로 이러한 강점은 영업 현장에서 그리 큰 도움이 되지 않는다. 거래처 입장에서는 찾아오는 영업사원 대부분이 이 정도 역량은 기본적으로 갖추고 있기 때문에 그러한 모습은 특별한 경쟁력이 되지 않는 것이다. 그럼에도 불구하고 상위 1%의 영업사원들은 기가 막히게 거래처와 원활한 관계를 만들어내고 오히려 말솜씨는 조금 부족해도 라포 형성은 순식간에 이뤄낸다. 그 차이가 바로 스누핑에서 온다.

영업 현장의 스누핑 방법은 간단하다. 훔쳐보는 것이다. 병원의 원장실은 한 명의 의사가 하루 중 가장 많은 시간을 보내는 공간 중 한 곳이다. 그렇기 때문에 자연스럽게 그 공간은 자신의 취향과 관심사로 채워지게 되는데, 스누핑은 그 공간에 놓여있는 포인트들을 빠르게 스캔하여 정보화시키는 것이다. 예를 들면, 문을 열고 들어서자마자 진열대에 글로브, 사인볼을 비롯한 각종 야구 관련 굿즈들이 놓여있다면 누가 봐도 야구광인 것을 알 수 있다. 그러면 첫 대화 주제로 자연스럽게 야구 이야기를 할 수 있는 것이다. 야구처럼 직접적인 포인트가 아니더라도 병원에 방문한 유명인과 찍은 사진, 동호회에서 대회에 출전해 받은 상장, 지난 어버이날에 자녀가 만들어준 색종이 카네이션 등등 힌트는 어디에든 있기 마련이다. 바쁜 시간 쪼개서 만나줬더니 다짜고짜 제품 정보와 프로모션 혜택을 늘어놓는 영업사원과 자신의 관심사인 야구 이야기로 대화를 시작하는 영업사원 중 다음에 또 만날 사람이 누구인지는 불 보듯 뻔한 일인 것이다.

하지만 고작 야구공 몇 개 놓여있는 걸로는 그다음 만남의 대화까지 이끌어낼 순 없다. 오히려 잘 모르는 이야기를 스누핑 포인트로 잡고 다가갔다가는 상대방은 자신이 원하는 수준에 한참 못 미친다는 사실을 깨닫고 도리어 반감을 갖게 될 수 있기 때문이다. 여기서 필요한 것이 스누핑의 확장이다. 일단 상대방이 야구에 관심이 있다는 걸 파악했다면 대화 속에서 좀 더 면밀한 스누핑을 통해 어떤 팀을 좋아하는지, 어떤 포지션에 관심이 많은지, 실제로 야구를 즐기는지 등의 정보를 추가로 입수해야 한다. 대화 속에서 이러한 정보가 파악이 됐다면, 다음 만남 이전에 그 내용과 관련된 추가적인 정보들을 확보해서 상대방의 관심사에 더 깊이 접근하는 것이다. 그러면 낯선 영업사원에 대한 경계심은 관심사의 공감으로 허물어지고 신뢰가 형성되며, 그때부터 영업이 시작되는 것이다.

야구 같은 직접적인 포인트가 아니어도 상관없다. 실제로 나는 첫 스누핑을 책상 위의 손바닥만한 액자 속 색종이 카네이션으로 시작했다. 진료 물품 외에 어떤 것도 눈에 띄지 않는 깔끔한 진료실에 유일하게 놓여있는 포인트였기에 분명 자녀가 직접 만들어준 카네이션이겠다는 판단으로 "따님이 직접 만들어 준건가 봐요?"라고 던졌다. 그리고 그때부터 시작된 원장님의 딸 자랑을 필사의 리액션으로 받아주며 관계를 시작할 수 있었다. 여담이지만, 자녀가 딸인지 아들인지는 50% 확률에 도박을 걸었다. 흔히 영업은 좋은 제품과 화려한 언변만 있으면 된다고 생각하지만 먼저는 그것들을 보여줄 기회를 만들어내는 게 중요한데, 그 기회의 시작으로 무엇보다 좋은 무기가 바로 스누핑이다.

종종 강의에서 말을 잘하고 싶다는 수강생의 이야기를 들어보면, 아무리 스피치 연습을 하고 관련된 교육을 받아도 막상 대화의 현장에서는 크게 달라진 모습이 없어서 고민이라고 한다. 안타깝게도 그런 식의 접근으로는 수년을 연습해도 크게 달라지지 않는다. 말이 어디서 오는지를 먼저 생각해야 한다. 아나운서를 데려다 놓는다고 하더라도 어떤 말을 해야 할지 모른다면 그 멋진 목소리와 언변도 아무 소용이 없는 것이다. 게다가 우리는 아나운서가 되려는 것이 아니다. 그저 일상 속의 수많은 평범한 상황 속에서의 대화를 호감 있게, 혹은 특정한 목적을 위해서 원활하게 하고 싶을 뿐이다. 수준의 차이가 있을 뿐 우리는 누구나 말을 할 줄 안다. 말을 못하는 이유의 반절 이상은 어떤 말을 해야 할지 모르기 때문인데, 그것만 해결해주면 말의 물꼬를 트는 건 일도 아니다. 예컨대, 내가 좋아하는 취미, 게임, 운동 등 관심사에 대해서 이야기한다고 생각해보자. 내 머릿속에 넘쳐나는 소스들을 입 밖으로 꺼내기만 해도 수십 분은 말할 수 있지 않은가? 말을 조리 있고 센스 있게 하는 건 그 다음의 문제라는 것이다.

다시 스누핑의 이야기로 돌아가 보자. 앞서 말했듯이 말의 소스만 충분하다면 말하기는 얼마든지 할 수 있는데, 그렇다고 내 관심사만 주구장창 늘어놓는 건 원활한 대화라고 할 수 없으니 상대방을 스누핑해서 말의 소스들을 찾는 것이다.

어려운 대화의 최고봉이라고 할 수 있는 소개팅 상황을 설정해보자. 나는 처음 만난 그녀가 너무 마음에 들었고 그녀도 내가 싫지 않은 눈치이다. 어떻게든 대화를 이어가 보려고 사는 곳, 취미, 좋아하는 음식 등 여러 질문을 나눴지만 어느 하나 딱 맞아떨어지는 게 없어 뻘쭘한 분위기가 됐다. 보통의 상황이라면 여기서 상황을 타개하지 못하고 아쉬운 헤어짐으로 마무리가 될 것이다.

하지만 스누핑을 배운 당신을 일주일 전으로 돌려보내 보자. 주선자에게 처음 그녀의 번호를 받고 등록해서 메신저 앱에 뜨는 프로필 사진과 SNS를 찬찬히 살펴본다. 해변에서 찍은 사진을 보니 얼마 전에 휴가를 다녀온 듯하고 해시태그에 '서린이'가 들어가 있는 걸 보니 서핑을 배우기 시작한 것 같다. 나는 서핑에 대해 아무것도 모르지만 요즘 핫한 서핑 명소와 서핑에 대한 기본적인 정보를 머릿속에 넣어놓는다. 시간이 흘러 소개팅 당일 카페 문을 열고 들어오는 그녀를 보며 손에 사과폰을 쥐고 있는 걸 봤고 자리에 앉으며 뒤집어 놓은 핸드폰 케이스 뒤편엔 기후 위기 극복 후원 스티커가 붙어있는 것까지 확인했다. 이 상태에서 일주일 전과 똑같이 통하지 않는 대화에 뻘쭘한 상황이 왔을 때, "저 지금까지 우주폰 쓰다가 사과폰으로 갈아타려고 하는데 어때요?" 혹은 "혹시 여름휴가 다녀오셨어요? 요즘 서핑이 유행이라기에 저도 한 번 배워보려는데." 정도의 상대방의 관심사를 주제로 한 대화를 시작한다면, 그 끝은 훨씬 더 긍정적일 것이다. 물론 소개팅은 목적이 분명한 만남인 만큼, 대화의 주제를 잘 뽑아내는 것만 가지고 성공의 결과를 얻어낼 수 있다고 말할 수는 없지만, 최소한 원활한 대화를 이끌어낼 수는 있을 것이다.

이렇듯 언제 어디서든 대화의 필살기로 활약하는 스누핑이 한 번에 원활하게 되는 것은 아니다. 오히려 스누핑을 제대로 훈련하지 않으면, 무언가를 찾아야 한다는 사실에 매몰돼서 오히려 대화를 놓치고 흐름을 끊어버리는 경우도 종종 생긴다. 그래서 평소에 일상 속에서 가볍게 스누핑을 연습하는 게 중요하다. 우연히 직장 동료의 차를 얻어 타게 되면 차 안을 슬쩍 보며 동료의 취향을 확인한다든지, 식당에서 밥을 먹을 때도 주변에 식당인 것 외의 정보를 확인할 수 있는 것들이 무엇이 있는지 본다든지 하면서 말이다. 그러다 보면 길을 가다가도, 카페에서 커피를 한잔 마시다가도 모르는 누군가를 잠깐 본 것만으로도 포인트를 충분히 잡아낼 수 있을 것이다.

말하기를 연습할 때 스누핑이 아주 좋은 기술인 이유는 단지 대화의 소스들을 뽑아낼 수 있어서가 아니다. 아직은 조금 부족한 우리의 말하기를 대화 속에서 상대방과 나눌 수 있다는 점이 그 가치를 더해준다. 특히 상대방의 취향과 관심사 위주의 대화를 끌어내는 방법이기 때문에 나에 대한 호감을 끌어내는 데도 유리하다. 후의 챕터에서도 기술하겠지만, 듣는 것 만큼 빠르고 효과적인 호감 상승의 요소는 없다. 지금껏 내가 말을 못해서 대화의 어려움을 겪었다고 생각했다면, 스누핑을 연습하고 적극 활용해보길 바란다. 그렇다면 당신의 말하기와 대화는 적어도 지금보다는 조금 더, 아니 훨씬 더 나은 방향으로 새로운 국면을 맞이하게 될 것이다.

# 주머니 속 스몰토크

사실 말하기는 타고나는 부분이 꽤 크다. 실제로 강의에 나가서도 말하기의 타고남에 대해서 많이 이야기한다. 특히 스피치에서 가장 중요하다고 여겨지는 목소리는 타고나는 부분이 90% 이상이다. 그렇다고 불공평하다며 불평할 필요는 없는 게, 말하기는 그저 사람이 갖는 수많은 강점의 카테고리 중 하나일 뿐이다. 그렇기 때문에 타고나지 못했다고 해도 다른 요소를 활용해서 충분히 긍정적으로 발전시킬 수 있다. 이 책 전반에 걸쳐서 하는 이야기가 바로 그런 것들이다. 부정할 수 없는 말하기의 타고남의 영역을 벗어나 영향을 가장 받지 않는 부분이 바로 이번 챕터에서 이야기할 '주머니 속 스몰토크'이다.

스몰토크는 말 그대로 가벼운 주제와 내용을 담은 이야깃거리를 총칭하는 말이다. 가벼운 관심사에 관해 이야기하며 대화의 물꼬를 트거나, 무겁지 않은 소소한 주제를 던져서 얼어있는 분위기를 푸는 것, 혹은 큰 줄기의 주제와 관련 있는 작은 이야기 소스들로 가지를 치는 것 등이 스몰토크가 적용되는 모습들이다. 스몰토크가 함께하는 대화는 끊어짐이나 어색함 없이 원활하게 흘러가고 자칫 지루할 수 있는 뻔한 주제에도 신선한 활력을 불어넣는다. 이러한 점은 내가 말하기에 있어서 목소리나 발음, 발성 같은 기술적인 부분이 부족해도 원활한 대화를 이어갈 수 있게 해준다. 즉 대화의 현장에서 나의 든든한 조력자가 되어주는 스몰토크를 미리만 준비할 수 있다면 말하기에 있어서 굉장한 힘을 발휘하는데, 그 이유는 여러 가지가 있다.

첫째로 말하기의 시작을 책임져 준다는 점이다. 말하기가 어려운 가장 큰 이유 중의 하나가 바로 할 말이 없다는 것이다. 혹은 할 말이 있고 떠오르는 생각이 있어도 즉석에서 머릿속에 빠르게 정리가 되지 않아 쉽게 입 밖으로 나오지 않는 것이다. 그런데 내가 원하는 모습대로 미리 준비한 스몰토크가 있다면 대화가 끊기거나 분위기가 얼어도 충분히 대응할 수 있다. 게다가 내가 말하기에 있어서 자신 없어 하는 부분, 예컨대 앞서 이야기한 안 좋은 말하기 습관들 때문에 말하기에 두려움이 있어도 내가 원하는 말하기를 미리 준비할 수 있기 때문에 훨씬 수월하게 소통할 수 있게 된다. 다만 여기서 주의해야 할 부분은 절대 '멘트'를 만들어서 준비하지 않아야 한다는 점이다. 할 말을 준비하는 것이 아니라, 말의 소스를 준비하는 것이다. 스몰토크의 가장 중요한 핵심은 바로 가벼움이다. 지금 이 책 한 권을 대화라고 했을 때, 스몰토크는 23개의 챕터 중 한 챕터 속의 한 예화 정도의 비중이다. 그 정도로 무겁지 않은 주제를 가볍게 던져 대화의 물꼬를 트는 것 이상의 역할은 하지 않아야 한다는 점을 명심하자.

두 번째는 나의 말하기에 매력적인 경쟁력을 부여해준다는 점이다. 쇼호스트로 활동하다 보면, 말하기에 타고난 실력자들을 많이 만나게 된다. 특히 남성 쇼호스트에게 목소리는 타고나기만 하면 반 이상은 먹고 들어간다고 표현할 정도로 중요한 요소이다. 게다가 타고 난 바탕도 좋으면서 높은 수준의 교육을 받고 스스로도 열심히 훈련하는 사람들이 대부분이기 때문에 가끔은 질투가 나기도 한다. 나 같은 경우는 목소리가 좋은 편이긴 하나 업계에서는 평범한 수준이고 흔히 말하는 말빨(?)도 쇼호스트를 제대로 준비한 사람이라면 누구나 일정 수준 이상은 갖추고 있기 때문에, 큰 경쟁력을 기대하기 어렵다. 사회의 어느 곳이 그렇듯 나만의 경쟁력을 갖추지 못하면 높이 올라가지 못할 것을 알았기에, 오랜 고민 끝에 찾은 경쟁력이 바로 스몰토크다. 말하는 기술에서 경쟁력을 가질 수 없다면 말의 소스를 늘려서 나만 할 수 있는 말을 준비한다는 전략이었다. 보통 한 제품을 방송할 땐 제품의 구성, 특장점, 가격, 할인정보 정도의 해당 제품에 대한 정보만 제공되고 쇼호스트들도 그 정도의 정보만 공부해간다. 그런데 나는 그 제품을 가운데 놓고 마인드맵을 그리며 부수적으로 이야기할 수 있는 소스들을 준비해갔다. 예를 들어 상품이 황태라고 하면, 황태처럼 명태에서 시작되어 파생된 북어, 먹태, 동태 등의 제조법과 차이에 대한 정보를 준비한다던가, 황태의 나라별 소비량을 파악해서 우리나라에서 유독 많이 소비되는 지리적, 역사적 이유에 대해 조사하는 것 등이다.

사실 대부분의 방송에서 이러한 스몰토크를 많이 써먹지는 못한다. 시간이 제한되어 있기 때문에 기본 정보들만 소개하기에도 넉넉한 시간이 아니기 때문이다. 그런데 라이브에서는 꼭 변수가 생기기 마련이고 호스트들은 어떤 이유에서건 오디오를 비우면 안 되기 때문에, 그러한 돌발 상황에서는 이 스몰토크가 엄청난 힘을 발휘하는 것이다. 꼭 돌발 상황이 아니더라도, 제품을 소개할 때, 내가 준비한 스몰토크와 비슷한 맥락의 이야기가 지나간다면 거기에 스몰토크를 살짝 얹어서 더욱 풍부하게 해줄 수가 있다.

이렇게 스몰토크를 얹으면 일단 프리랜서 쇼호스트의 가장 큰 고객이라고 할 수 있는 제작진이나 제품 담당자들에게 열심히 준비한 모습과 신선한 경쟁력을 보여줄 수 있다. 게다가 방송을 보는 소비자들에게도 풍부한 설명이 들어가니 일석이조인 것이다. 이렇듯 스몰토크는 주전으로 활약하는 대화의 중심은 아니지만, 필요할 때 결정적인 힘을 발휘하는 조커인 셈이다.

당연히 앞서 소개한 전문가의 영역에서뿐만 아니라, 평범한 일상에서도 활용할 수 있다. 예를 들어 학교에서 팀플 과제를 진행하는데, 해당 강의의 모든 팀들이 세대 갈등이라는 동일한 주제로 발표를 한다고 해보자. 다른 팀들은 세대 갈등이라는 큰 주제에만 포커스를 맞추고 발표를 진행하는데, 주제도 같고 다소 무거운 내용인 만큼 정보를 전달하는 방법은 모두 대동소이했다고 하자. 그런데 우리 팀은 도입부에서 화면에 요즘 젊은 세대에서 쓰이는 줄임말과 신조어를 띄우고 간단한 퀴즈를 진행하는 것이다. 세대 갈등이라는 큰 주제와는 조금 다르지만, 세대 간의 차이에 대해 설명하기 위한 스몰토크를 사용하는 것이다. 이렇듯 스몰토크를 사용하면서 똑같은 주제를 다룸에도 우리 팀만의 발표 경쟁력을 갖추고 큰 주제로의 연결도 원활하게 할 수 있다. 당연히 신조어 퀴즈라는 스몰토크는 이 발표의 주제가 아니다. 하지만 다른 모습을 보여주면서 주제를 시작하는 물꼬를 트는 역할로는 충분한 것이다. 이렇듯 적재적소에 찔러 넣는 스몰토크는 당신의 말하기를 훨씬 더 매력 있게 느낄 수 있도록 해줄 것이다. 그렇다면 이러한 스몰토크는 어떻게 찾아서 준비해야 하는지 알아보자.

먼저, 남성들에게 사용하기 좋은 스몰토크 소스는 MSC(군대, 스포츠, 자동차)로 90%이상 커버가 가능하다. 스포츠에서 축구는 EPL, 야구는 국내 프로야구, 깊게는 농구의 NBA까지 살펴볼 수 있으면 좋다. 이러한 스포츠 스몰토크 소스는 내가 실제로 관심이 있고 지켜보는 게 가장 좋겠지만, 내가 따로 경기를 찾아보거나 관심이 없어도 큰 상관없다. 단지 스몰토크 용도로 쓰이는 스포츠 소스는 인터넷 뉴스의 스포츠 탭에 들어가서 종목별로 헤드라인 기사만 쭉 훑어도 충분히 활용 가능하다. 다시 말하지만 스몰토크는 그저 소스에 불과하다. 내가 그것에 대해서 깊게 알 필요도 없고 그 주제가 대화의 메인이 될 필요도 없다. 그저 대화의 물꼬를 트고 정적을 채워주는 정도면 충분하다.

자동차는 훨씬 쉽다. "이번에 차 하나 뽑을까 하는데.", "이번에 차 바꾸려고 하는데." 이 2가지 멘트면 끝난다. 만약 상대방이 차에 관심이 많은 남자라면 무조건 반응이 올 것이다. 내 상황에 대해 물어보고 이 차는 어떻고 저 차는 어떻고 쉴 새 없이 이야기해줄 것이다. 나는 차를 사거나 바꿀 생각이 없는데 어떡하냐고? 내가 차를 사는지 어쩌는지 상대방이 따라와서 지켜볼 일 없으니 그저 스몰토크 소스로 소비한다고 생각하면 된다.

마지막 군대는 사실 조금 조심스럽게 접근해야 하는데, 특별한 이유로 군대에 가지 않았거나 현역 복무를 하지 않아 군대 이야기 자체를 꺼리는 사람들이 있기 때문이다. 그럴 때는 본인의 이야기로 시작하지 말고 "요즘 군 복무 기간이 줄었다던데.", "요즘 군대에서 핸드폰 사용이 가능하다던데." 정도의 군대 관련 이슈를 살짝 던져보고 상대방이 먼저 반응한다면 이어가면 된다. 그렇지 않다면 군대 이야기는 하지 않는 것을 추천한다.

이어서 상대방이 여성이라면 TDF(여행, 드라마, 음식)의 주제로 스몰토크를 준비하는 게 좋다. 다만 남자와 다르게 저 세 가지 주제로 커버되는 부분이 그렇게 높지는 않다. 그래도 여행, 드라마, 음식에 대한 이야기라면 스몰토크 정도로 사용하기엔 충분할 것이다.

먼저 음식은 단지 좋아하는 음식을 묻는 것도 좋지만 더 나아가 여성들이 좋아하는 3대 음식인 떡볶이, 마라탕, 닭발을 중심으로 시작하면 더욱 좋다. 예를 들어 평범한 닭발집이 아니라 레트로 감성으로 인테리어 된 숨은 맛집을 찾아서 이야기한다면, 해당 가게의 사진이나 후기 등을 함께 보면서 공감의 대화를 이어갈 수 있을 것이다. 혹은 아직 마라탕을 한 번도 안 먹어봤는데 궁금하기도 하면서 매운 걸 잘 못 먹어서 걱정이기도 하다는 정도의 스토리를 던져준다면, 나를 마라탕의 세계로 데려오기 위해 한껏 신나서 영업하는 상대방을 볼 수 있을 것이다.

드라마도 앞선 남자의 스포츠와 비슷한 방법으로 SNS에 올라오는 클립 영상이나 연예 뉴스란에 올라오는 헤드라인 기사만 쭉 훑어도 스몰토크용으로 충분히 써먹을 수 있다.

마지막으로 여행경험에 대해 묻고 그 여행지에 대한 관심을 보이는 정도면 충분하다. 내가 따로 어떤 여행지를 생각하거나 준비해갈 필요도 없이, 여행을 좋아하냐는 질문으로 시작해서 어디 다녀와 봤냐는 2차 질문을 통해 그녀에게 자신의 여행 이야기를 할 수 있는 스몰토크 소스를 던져주는 것이다. 보통 가장 좋았던 여행은 기억에 선명하게 남아있기 때문에, 코스나 관광지에 대해 물어도 상세하게 답변해줄 것이다. 이 3가지 정도라면 여성과 대화함에 있어 스몰토크용으로 부족함 없이 대화를 이어갈 수 있을 것이다.

마지막으로 남녀와 나이를 떠나 광범위하게 쓰일 수 있는 MSH(MBTI, 스트레스, 휴일)가 있다. MBTI는 비교적 젊은 세대에서는 모르는 사람이 거의 없기 때문에 이제는 누구와 이야기해도 어렵지 않게 대화 주제로 활용할 수 있다. 비교적 연령이 높은 상대라도 대부분 요즘 MBTI가 혈액형만큼 많이 돌고 있는 이야기라는 것을 알기 때문에 가볍게 설명하는 정도의 소스로는 충분히 사용할 수 있다. 다만 조금 더 다양한 이야기를 나누고 싶다면 대표적인 유형에 대해 대략적으로 기억하고 있는 것이 좋다. 그게 아니라면 현장에서 휴대폰으로 검색하면 금방 찾을 수 있기 때문에 잘 모르는 사람과 이야기할 때도 대략적인 유형을 매칭해 주는 소스로 사용할 수 있다. 물론 잘 맞지 않고 근거가 빈약해도 상관없다. 우리에겐 이미 대화의 물꼬를 터준 것만으로 스몰토크로서의 역할을 충분히 했으니까.

스트레스는 언뜻 부정적인 개념 같지만, 먼저 요즘 스트레스받는 일에 대해 이야기하고 상대방의 스트레스 요소를 끄집어낸 뒤에 스트레스 해소의 영역으로 대화를 넓힐 수가 있다. 이 또한 공감과 함께 스트레스에 대해 말하는 것 자체만으로 시원한 대화를 이어갈 수 있다.

그리고 마지막으로 휴일을 보내는 방법에 대해서도 그냥 집에서 누워 영화를 본다던가하는 아주 가벼운 이야기라도 어떤 영화를 좋아하는지 등의 가지로 넓게 뻗어나갈 수 있기 때문에 상당히 유용하다. 특히 연령이 높은 분들은 보통 주말을 보내는 특별한 취미가 있는 편이라, 상대방의 이야기를 끌어내기 가장 좋은 주제이다. 이처럼 앞선 유형별 3가지의 스몰토크 주제를 기준으로 가지를 뻗으며 준비한다면 더 이상 당신의 대화에 공백은 없을 것이다.

하지만 스몰토크를 준비함에 있어서 유의해야 할 사항이 몇 가지 있다. 먼저, 스몰토크와 TMI를 철저히 구분해야 한다는 것이다. 스몰토크는 말 그대로 작은 이야기의 수준을 벗어나면 안 된다. 그저 막힌 대화를 뚫어주는 역할일 뿐이지 스몰토크로 인해 대화가 무거워지면 오히려 역효과를 낳게 된다. 그래서 스몰토크 소스를 준비할 때도 다소 민감하거나 예민한 소스들은 피하는 게 좋다. 둘째로 앞에서도 이야기했지만, 소스만 준비해야 한다. 어떤 이야기를 만들거나 스토리를 구성하는 건 분명 대화의 현장에서 부자연스러움으로 나타난다. 부자연스러움은 곧 상대방에게 불편함으로 느껴지기 때문에 이야기 소스 수준을 넘어서는 준비는 금물이다.

얼핏 스몰토크가 나의 말하기를 몇 단계 업그레이드 시켜주는 대단한 필살기처럼 보일 수 있지만, 스몰토크는 그저 대화의 조력자일 뿐이라는 것을 명심하길 바란다. 하지만 이것 하나만큼은 확실히 말할 수 있다. 주머니 속에 스몰토크를 넉넉히 넣어두고 집 밖을 나서는 당신은 이제 누구와의 대화에서도 자신감을 잃지 않을 것이다.

# 듣는 건 철저한 훈련이다

이 책을 쓰면서 맨 처음 다짐했던 것 중의 하나가 틀에 박힌 고루한 이야기는 하지 말자는 것이었다. 누구나 해줄 수 있는 뻔한 이야기 말고 현대를 살아가는 평범한 사람들의 실제 삶에 적용할 수 있는 이야기를 해주자는 다짐이었다. 그런데 딱 하나만큼은 도무지 뺄 수가 없는 뻔한 주제가 있는데, 바로 듣기의 중요성이다. 스피치, 커뮤니케이션에 대해 이야기할 때 수많은 사람들이 수십 년간 절대 빼놓지 않는 주제가 바로 듣기인데, 이것만큼은 타협할 수 없었기에 주제로 넣었다. 대신 우리는 듣기에 대해서 조금 새로운 시선으로 접근해볼 것이다.

많은 사람들이 듣기의 중요성은 인정하면서도 정작 듣는다는 행위를 조금 우습게 보는 경향이 있다. 중요하지 않게 여긴다는 것이 아니라, 듣는다는 행위가 그저 쉽기만 하다고 착각한다는 것이다. 우리는 늘 듣고 있고 듣는 행위에는 어떤 기능도 요구되지 않기 때문에 제대로 듣는 것도 별로 어려울 것 없다고 생각한다. 하지만 듣는 것, 아니 적어도 매력적으로 말하기 위해 필요한 듣기는 철저한 훈련이 필요하다, 오히려 제대로 말하는 것보다 제대로 듣는 것이 매력적으로 말하기 위해 훨씬 더 먼저 준비되어야 하는 요소이다. 그런데 이 준비라는 게 흔히 이야기하는 경청, 즉 귀 기울여 듣는 것이 전부가 아니다. 지금부터 제대로 듣기 위한 방법을 알아보자

첫 번째 단계는 단순하게 말하기를 참는 것이다. 무슨 당연한 소리를 하냐고 생각할 수 있겠지만, 우리의 일상을 돌아보면 단순하게 말을 참아본 경험이 언제였는지 쉽게 떠오르지 않을 것이다. 보통 전문적인 스피치 교육을 받지 않은 평범한 개인의 말하기 모습은 매일 반복되는 일상의 경험을 통해 저절로 정립된다. 그런데 평소 말을 참고 듣기만 해야 하는 경험을 해본 적이 없으니 말을 참아야 하는 상황이 오면 적절한 모습을 취하지 못하는 것이다. 그래서 우리는 말하는 만큼은 아니지만 말을 참아보는 시간도 가져봐야 한다.

사찰에서 진행하는 템플스테이에 가보면 하루 동안 묵언수행을 하는 프로그램이 있다. 경험해본 사람은 알겠지만, 단 하루일뿐인데 말을 하지 않는다는 것이 얼마나 속 터지는 일인지 뼈저리게 느끼게 된다. 특히 나처럼 말하는 게 직업이자 말하는 즐거움으로 사는 사람에게는

더욱 큰 고역이다. 그런데 하루쯤 말없이 지내보면 새로운 사실을 하나 알게 된다. 말하지 않는 만큼 두 배로 들린다는 사실이다. 말을 줄이면 평소에 들리지 않는 소리가 들리게 된다. 옷깃이 스치고 나뭇잎이 흔들리는 소리까지 귓가에 울린다. 그러다 보면 말하지 않으므로 생겼던 결핍의 답답함이 듣기의 풍요로 채워지게 된다. 그때부턴 신기하게 말하지 않고 듣기만 하는 것이 덜 답답하게 느껴진다. 이 과정이 반드시 필요한 이유는 단순히 상대방의 말을 더 잘 듣기 위함뿐만이 아니라, 상대방이 말하면서 흘리는 다양한 요소들을 더 잘 파악할 수 있게 되기 때문이다.

앞서 이야기한 스누핑과 비슷한 맥락이다. 단순히 말을 통해 전해지는 정보를 넘어 상대방의 표정, 제스처, 호흡 등의 부가적인 요소가 눈에 보이고 귀에 들리면서, 한 차원 높은 이해를 얻을 수 있게 된다. 이게 바로 제대로 듣는 것이다. 그런데 이 부분이 생각보다 쉽게 되지 않는다. 이 책 전반에 걸쳐서 이야기하는 매력적으로 말하는 방법들은 모두 어렵지 않게 습득할 수 있는 방법들이다. 그런데 이 듣기의 훈련만큼은 꽤 많은 경험을 필요로 한다. 앞서 이야기한 템플스테이의 묵언수행도 하나의 방법이고 유명인의 강의를 듣거나 카페나 공원에 가서 한자리에 앉아 특정 대상을 골라 연습하는 것도 방법이다. 가장 추천하는 방법은 예능 프로그램을 이용하는 것이다. 예능 프로그램은 화면의 전환이나 흐름의 변화가 워낙 빠르게 진행돼서 출연자 한 사람 한 사람에 집중되는 신이 상대적으로 적다. 그런데 그렇듯 빠르게 지나가는 장면들 속에서 해당 장면에서 포커스가 집중되는 인물이 아니라, 뒤쪽이나 주변에 잡히는 인물과 멘트에 집중해보는 것이다. 그러면 주요 인물로 인해 재밌었던 장면이 주변 인물의 한마디나 액션에 의해 더 재밌게 보이기도 하고 웃으며 넘겼던 장면에서 주변 출연자의 정색하는(?) 모습도 심심치 않게 발견할 수 있다. 특별히 예능 프로그램을 추천하는 이유는 보통 즐거운 상황에서는 듣기의 긴장감이 흐트러지기 마련이기 때문에 즐거움이 기본으로 깔려있는 예능 프로그램으로 훈련하는 것이 그러한 상황까지 폭넓게 커버할 수 있기 때문이다. 아마 이 방법으로 훈련하다 보면 평소 큰 생각 없이 보던 예능 프로그램에서 훨씬 다양한 재미를 찾을 수 있는 보너스도 얻을 수 있을 것이다.

두 번째는 상대방의 이야기를 자극하는 질문을 섞는 것이다. 이야기를 자극한다는 건, 상대방의 이야기와 관련된 부분을 질문으로 건드려 상대방이 더 많은 이야기를 쏟아내게 한다는 뜻이다. 보통은 경청하는 상황에서의 질문은 잘 듣고 있다는 모습을 보여주는 다소 과장된 뻔한 질문인 경우가 많다. "아~진짜?". "그래서?", "그랬구나." 등의 반응이 미덕인 것처럼 여겨지기 때문이다. 그런데 내가 듣는 모든 이야기가 다 내가 관심 있는 이야기일 수는 없다. 때로는 별로 관심 없는 이야기도 들어줘야 하는데, 그런 상황에서 위의 뻔한 질문으로 반응하다 보면 어느 샌가 지루해하는 내 모습이 새어 나오게 되고 상대방도 그 모습을 알아차리게 된다. 그러면 그때부터 내 듣기는 실패한 듣기가 되고 매력적인 대화와는 한 걸음 멀어지게 되는 것이다. 특히 사회생활을 시작하며 일적으로 만난 사람들과 대화할 때 이러한 모습이 자주 보인다. 생각 없이 듣다 보면 이 대화에 관심 없는 내 진심이 새어 나와 버린다. 그렇다고 그 모습을 들키지 않기 위해 과하게 반응하면 그것 역시 티가 난다. 그래서 많은 사람들이 이 간극 사이의 적당한 수준을 유지하기 위해 고민한다.

이럴 때 필요한 방법이 바로 상대방의 이야기를 자극하는 질문을 섞으며 들어주는 것이다. 크게 2가지 방법이 있는데, 먼저는 앞선 질문의 함정에서 이야기했듯이 상대방의 이야기 속 내용을 하나 잡아, 간단한 질문으로 반응하는 것이다. 예를 들어 중요한 거래처 직원과의 식사 자리에서 나는 별로 관심 없는 자녀 얘기를 계속 들어주고 있는 상황이라면, "애가 몇 살인데 벌써 영어 학원을 다녀요?", "요즘은 몇 살 때부터 학원을 다녀요?" 정도의 질문을 던져주면 상대방은 본인의 이야기에 집중하고 있었다는 사실을 기분 좋게 알게 된다. 게다가 본인의 이야기에 대한 질문이기 때문에 신나서 부연 설명을 이어갈 것이다. 그렇게 되면 나는 듣느라 지쳐가던 모습을 한 번 리프레시 할 수 있고 상대방은 다시 이야기에 빠져들어 내가 집중력이 떨어졌는지 어떤지에 대해서는 크게 관심 없이 이야기를 이어가게 된다.

또 하나는 가벼운 반대 의견을 던져주는 것이다. 예를 들어 상대방이 요즘 주식 시장 동향과 본인의 전략에 대해서 열심히 이야기하고 있다고 해보자. 우량주에 투자해서 묵혀놓는 게 가장 좋다는 주장을 하고 있는 상대방에게 "그런데 유튜브 보니까 단타로 잘 먹을 수 있다던데 어때요?"라는 반대되는 소스를 살짝 던져주면 된다. 그러면 상대방은 자신이 하던 이야기와 연결해서 내가 던진 반대 소스에 대한 반론을 적극적으로 쏟아낼 것이다. 실제로 내가 어떤 생각을 가지고 있는지는 중요하지 않다. 그저 상대방이 자신의 이야기에 더욱 빠져들게 하는 것이 목표라는 것을 명심하자. 이때 주의해야 할 것은 반대 의견을 너무 강하게 어필하거나 상대방의 반론에 재반론을 얹는 등의 논쟁으로 이어져서는 안 된다는 것이다. 그러면 오히려 상대방에 나의 말이나 듣는 모습에 더욱 집중하게 되기 때문에, 우리는 그저 상대방의 지식을 자극하여 주의를 다른 곳으로 분산시키면 된다. 듣는 중에 다소 지루해하는 액션이 나도 모르게 튀어나와도 이렇듯 상대방의 이야기를 자극해서 상대방이 이야기에 더 집중하게 만들면 이러한 모습을 회피할 수 있다.

마지막은 초반 3분에 혼을 쏟아 듣는 것이다. 사람의 뇌는 보통 가장 초반에 인식한 정보를 가장 강하게 기억한다. 이를 초두효과라고 하는데, 머릿속에 유사한 정보가 지속해서 들어오면 가장 처음 인식한 초반 얼마간의 정보 위주로 기억하게 되는 것이다. 내가 아직 상대방의 이야기를 진득하게 잘 들어줄 만큼 훈련이 되어있지 않은 상태라면 이러한 초두효과를 이용하여 전략적으로 듣는 방법을 쓰는 게 좋다.

예를 들어 깊은 고민이 있는 친구와 만나서 이야기를 들어준다고 해보자. 본격적으로 들어줘야 하는 자리이기 때문에 아마 이야기는 길어지고 나의 집중력은 점점 떨어질 게 뻔하다. 그러면 처음 만나는 순간부터 '내가 너의 이야기에 누구보다 관심이 많고 잘 들어주는 사람이다.'라는 인식을 강하게 심어주는 것이다. 만나자마자 걱정스러운 눈빛으로 "나 오늘 이후 일정 다 비워놨으니까 하고 싶은 얘기 맘껏 해."라는 이야기를 건넨다. 상대방이 이야기를 시작하려 할 때는 의도적으로 테이블에 놓여있는 휴대폰을 뒤집어 놓거나 전원을 꺼놓는 액션을 취한다. 그 정도로 잘 들어줄 준비가 됐다는 인식을 심어주는 것이다. 여기까지만 해도 이후의 듣기에 내가 다소 집중하지 못했다고 하더라도 이미 상대방의 머릿속에는 초반의 이 기억이 강하게 남아 잘 들어줬다고 기억하게 될 것이다. 더욱 쐐기를 박으려면 대화가 시작한 이후 최소 몇 분간은 휴대폰을 만지거나 다른 곳을 보지 않고 최대한 상대방의 눈을 맞추고 열심히 고개를 끄덕이며 최대한 성심성의껏 집중하며 들어주면 된다. 그러면 대화를 시작하기 전에 쌓아놓은 이미지가 시너지를 발휘하여 상대방에게 나는 엄청나게 잘 들어주는 사람이 되어있을 것이다. 얼핏 보면 뭔가 치사하고 거짓된 모습처럼 느껴질 수 있겠지만 더 잘 듣기 위한 노력인데 누가 뭐라고 할 수 있겠는가.

듣는다는 건 행위의 어려움이 없기 때문에 지속될수록 쉽게 지루해지고 그 모습이 티가 많이 난다. 그래서 먼저는 첫 번째 방법처럼 듣는 행위 자체를 연습해야 한다. 쓸데없는 일이라고 생각할지 모르겠지만, 이후에 언급할 듣기의 효과와 중요성에 대해 안다면 오히려 별것 아닌 노력으로 큰 성과를 얻을 수 있는 과정이라는 것을 깨닫게 될 것이다. 일단은 듣는 걸 연습하면서 아직 내가 듣기에 자신감이 없다면, 앞선 두 번째, 세 번째 방법을 통해 더 잘 듣는 모습을 만들어내면 된다. 이 부분도 마찬가지로 글로 읽었을 땐 다소 복잡해 보이지만, 실제로 일상에 적용해 보면 정말 별것 아니기 때문에 꼭 한 번씩 적용해보며 제대로 듣는 매력적인 사람이 되어보기를 바란다.

# 습관처럼 들여다보는 인터넷 뉴스

아마 제목만 보고 벌써 책을 덮었거나 다음 장으로 넘어간 독자들이 있을 것이라 생각된다. 얼추 '뉴스 많이 보면서 지식과 세상 돌아가는 정보를 쌓다 보면 말할 거리가 늘어나고 말도 잘하게 된다.'는 정도로 예상이 되기 때문일 것이다. 이 생각은 반은 맞고 반은 틀렸다고 할 수 있다.

싫은 소리를 먼저 하자면, 이 챕터는 매력적으로 말하기 위한 준비이다. 준비라는 건 결국 실전에서 사용할 무기를 쌓아두는 것을 뜻하는데, 이 과정 하나하나가 무기를 쌓아두는 방법을 알려주는 것이다. 말하기는 종이에 쓰여있는 글을 읽는 행위가 아니기 때문에 현장에서는 오로지 머릿속에 있는 생각과 정보만이 유일한 내 지원군인 것이다. 나는 그 지원군으로 인터넷 뉴스를 골랐다. 이유는 민망할 정도로 직관적이다. 뉴스라는 소스가 '있어 보여서'이다. 어차피 정보를 쌓는 과정이 필요하다면, 상대방에게 시사, 정치 등 고급(?)분야에 대해 빠삭한 사람으로 보이는 게 더 낫다는 판단이었다. 물론 실제로 빠삭할 필요는 전혀 없으니 걱정할 필요 없다.

우스갯소리처럼 들리겠지만, 실제로 이 부분을 선택한 덕을 많이 봐왔다. 영업사원 시절에는 나이답지 않게 세상 돌아가는 소식에 관심이 많다며 호감을 끌었고 쇼호스트로 활동하면서도 해당 제품의 사회적인 스토리텔링이 좋은 세일즈 포인트가 되기도 했다. 친구나 일하면서 만난 사람들과의 대화에서 유용한 말하기 소스로 활용된 건 말할 것도 없다. 그래서 이후에 언급할 다양한 분야들 중에 뉴스, 그것도 쉽게 접할 수 있는 인터넷 뉴스를 구독하고 살펴보는 것을 가장 1순위로 추천한다.

그 전에 먼저 '있어 보이는 것'에 대해 이해해야 한다. 아마 있어 보인다는 표현 자체에 거부감을 느낄 수도 있을 것이다. 그런데 '왜?'라는 질문을 던져보면 딱히 명쾌한 대답이 나오지 않는다. 그저 표현이 뭔가 꾸며진 것 같고 거짓된 대화를 해야 한다는 본능적인 거부감이 들어서일 것이다. 하지만 아이러니하게도 한국인들은 세계에서도 독보적으로 유독 다른 사람에게 있어 보이는 것들에 집착한다. '나는 그런 적 없어.'라고 생각하겠지만, 집에 지인들이 놀러 올 때 평소에는 쓰지도 않는 식기들을 진열한다던가, ○○ 고등학교 몇 주년 기념 동창회 로고가 박힌 수건 대신 뽀송뽀송한 고급 수건을 걸어놓았던 경험은 누구에게나 있을 것이다. 그러니까 있어 보이는 것은 지극히 자연스러운 우리의 본능이지, 뭔가 불편한 상황이 절대 아니라는 것이다. 특히 말하기는 나를 드러내는 가장 직관적인 도구이기 때문에, 적당한 있어 보임은 분명한 플러스 요소라는 것을 생각하길 바란다.

그런데 있어 보이게 말하기 위해서는 있어 보이는 주제에 대해 내가 빠삭하게 알아야 하는데, 그러한 분야는 너무 어렵고 또 많다. 겨우 한 분야를 골라서 열심히 공부해 어느 정도 알게 됐다고 해도 그 주제에 대해 이야기하는 경우가 살면서 얼마나 찾아오겠는가? 그저 평상시 대화에서 말 좀 잘해보자고 그런 시간과 노력을 들일 순 없지 않겠는가? 그래서 찾아낸 지름길이 바로 인터넷 뉴스다. 사회, 경제, 정치, 시사 등 소위 있어 보이는 분야는 모두 모여 있고 긴 시간을 들일 필요도 없으며 무엇보다 접근성이 엄청나게 좋다. 특히 보고자 하는 정보에 대해 내가 정리하고 검증할 필요도 없이, 전문 기자들이 읽기 쉽게 요점만 딱 정리해주니 이보다 편할 수가 없다. 게다가 요즘은 AI가 발달해서 내가 관심 있는 분야를 알아서 추천해주고 상단에 띄워준다. 이쯤 되면 말하기는 둘째 치고 내 삶의 성장을 위해서라도 보지 않을 이유가 없다. 단 하나, 우리와 뉴스 사이를 갈라놓는 유일한 장벽인 뉴스는 지루하고 재미없을 거라는 편견만 깨버리면 신세계가 열리는 것이다.

앞서 스몰토크의 중요성에 대해서 이야기하며 강조했지만, 말하기에서 스몰토크는 무조건 다다익선이다. 내 주머니 속에 넉넉하게 들어 있을수록 대화라는 싸움에서 사용할 무기가 많다는 뜻이기 때문이다. 말하기에 어려움을 겪는 사람에게 든든함을 더해주는 것은 물론이고 말이다. 사실 앞선 스몰토크 파트에서는 약점 없는 필살기처럼 이야기했지만, 딱 하나의 빈틈이 있다면 그 소스를 어떤 식으로 찾고 찾은 정보를 어떻게 활용하느냐의 문제이다. 그런데 인터넷 뉴스가 이 모든 문제를 한 방에 해결해준다.

인터넷에는 이미 뉴스를 다루는 셀 수 없이 많은 플랫폼이 있다. 그중에서 내가 가장 많이 이용하는 플랫폼을 고르면 된다. 가장 많이 이용하는 플랫폼을 고르는 이유는 플랫폼별로 비교하면서 쓸데없는데 소모되는 에너지를 줄이기 위해서이다. 학창 시절 책상에 앉아 공부를 시작하기 전에 책상 정리하고 닦고 필기구 위치 맞추고 하는데 에너지를 다 쏟고 정작 공부는 제대로 하지도 못했던 경험을 반복하지 않기 위해서라고 하겠다. 그렇게 고른 플랫폼의 인터넷 뉴스 탭에 들어가면 내가 관심 있는 카테고리나 분야를 필터링하는 설정이 있다. 거기에 선호하는 언론사를 설정하거나 보지 않길 원하는 분야까지 설정할 수 있을 정도로 상당히 편리하게 구성돼있다. 이제는 그냥 원하는 뉴스를 설정하고 매일 가볍게 눈으로 읽으면 끝이다. 흔히 비는 시간마다 보는 게 좋다고 말하지만 보는 시간을 따로 정하는 걸 추천한다. 시간 빌 때마다 봐야겠다고 생각하면 초반에는 잘 떠오르지 않고 루틴처럼 만들기가 쉽지 않다. 그러면 금세 관심이 떨어지고 멀어지게 된다. 딱히 시간을 만든다기보다는 아침 출근길, 저녁 퇴근길, 점심때, 자기 전 10분 등의 특정한 때를 정하기만 하면 된다. 그러면 다른 시간에는 꾸준히 봐야 한다는 작은 부담에서 벗어날 수 있기 때문에 습관으로 만드는 데 유리하게 작용할 것이다.

시작은 생활, 문화, 과학, 세계의 이슈 등 가벼운 분야가 좋다. 인터넷 뉴스를 읽어본 사람은 알겠지만 이런 분야의 기사들은 생각보다 훨씬 재밌게 잘 읽힌다. 보통 인터넷으로 많이 보는 커뮤니티나 SNS의 글을 볼 때는 근거도 알 수 없고 정제되지 않은 내용이 많기 때문에 가볍게 보면서도 쉽게 피로감을 느끼는 경우가 많다. 그런데 뉴스 기사로 나온 글은 전문가가 직접 작성한 깔끔하게 정제된 글이기 때문에 읽기에 훨씬 편하다. 게다가 평소 관심 없었던 내용이라도 눈에 띄는 기사 제목을 따라가다 보면 금세 빠져들어 읽게 된다. 읽기에도 편하고 검증된 글이기 때문에 스몰토크 소스로 사용하기에도 전혀 무리가 없다. 이 부분은 백문이 불여일견이라 심심할 때 한 번 그냥 보는 것을 추천한다. 아마 한 번 보면 앞으로는 심심할 때 휴대폰을 뒤적거리며 누르는 곳이 나도 모르게 이곳이 될 가능성이 높다.

가벼운 분야로 시작해서 인터넷 뉴스에 어느 정도 익숙해졌다면 사회, 경제 카테고리로 한 칸 이동해 보는 걸 추천한다. 이 카테고리로 넘어오면 앞서 이야기한 소위 있어 보이는 주제의 내용들을 읽을 수 있다. 앞서 이야기한 비교적으로 가벼운 분야에 비해서는 다소 무거운 감이 있지만, 막상 읽어보면 생각보다 가볍게 읽히는 것을 느낄 수 있다. 이 역시 전문가들이 정제하여 내놓은 기사이기 때문이다. 그리고 해당 카테고리에 들어와서 공부하듯이 다 살펴볼 필요는 없다. 우리는 그저 가볍게 건넬 스몰토크 소스를 찾고 있는 것이기 때문에, 기사 제목을 보고 관심이 가는 것만 골라서 봐도 전혀 무방하다. 가끔 인터넷 뉴스를 스몰토크 소스로 이용하는 방법을 알려줄 때, 뉴스는 뭔가 더 심오하고 복잡한 내용을 봐야 하는 거 아니냐고 하며 마치 숙제처럼 기사를 읽는 사람들이 있다. 그런 식으로 접근하게 되면 10명 중에 8명은 금방 지쳐서 나가떨어진다. 다시 말하지만 우리는 그저 작은 소스를 위해 뉴스를 읽는 것이다. 뉴스를 읽는 것 자체에 매몰될 필요가 전혀 없다. 그저 슥 보면서 내 관심이 향하는 곳만 봐도 아무 상관이 없다. 오히려 내가 관심 있는 것만 보는 게 꾸준함을 유지할 수 있는 방법이기도 하다. 사회, 경제 카테고리로 넘어오면 소위 '세상 돌아가는' 최신 소식을 얕게나마 알 수 있어서 어떤 상황에서 누구와 대화를 하든지 트렌드에 밝고 소식에 빠른 이미지를 심어줄 수 있다. 개인적으로도 소양을 쌓는 데 도움이 되는 건 물론이고 말이다.

여기서 정치에 관련한 이야기를 안 할 수 없는데, 사실 인터넷 뉴스의 가장 큰 비율을 차지하는 건 정치 카테고리다. 하지만 그동안 정치에 큰 관심이 없었고 따로 공부해보지 않은 사람이라면 앞서 이야기한 방법으로 가볍게 정치 뉴스를 접하는 건 피하라고 말하고 싶다. 플랫폼이나 언론사를 비롯한 정치 관련 뉴스를 구성하고 있는 모든 요소에서 관련된 정치 성향이 드러나기 때문에, 정치에 대해 제대로 공부하지 않고 가볍게 뉴스를 통해서만 정보를 접하게 되면 이성적인 관점으로 바라보지 못하게 될 가능성이 크다. 게다가 정치와 관련된 소스는 지나치게 민감한 주제라 스몰토크 소스로도 추천하지 않는 분야이다. 그저 읽고 소비하는 것은 본인의 선택이지만 스몰토크 소스로서는 활용하지 않는 것을 추천한다.

이외에도 앞선 스몰토크 챕터에서도 이야기한 스포츠나 연예 카테고리도 스몰토크 소스로 충분히 활용 가능하다. 그렇지만 처음에 언급한 소위 있어 보이는 이미지 전략으로는 앞선 3가지의 카테고리를 선택하는 것을 추천한다. 이 방법을 책으로 쓰기 전에 지인들에게 많이 알려줬던 적이 있다. 그런데 대부분 너무 속 보이는 목적성에 민망한 웃음을 보였다. 아마 이 책에서 언급하는 대부분의 매력적으로 말하기의 전략이 다소 인위적으로 느껴질 수 있다. 하지만 인위적이면 어떤가? 우리는 그저 조금 더 매력적으로 말하면 그만이다. 그렇다고 대단한 기술이나 노력을 요하는 것도 아니다. 짧게는 하루에 5분, 길어도 30분이 채 넘지 않는 시간만 투자해서 있어 보이는 매력적인 말하기를 할 수 있다면 이보다 남는 장사가 없다고 생각한다. 더 이상 망설이지 말고 일단 시작해보자.

# 혼잣말의 힘

대학교 4학년에 올라갈 때쯤, 이제 졸업까지 정말 얼마 안 남았다는 생각에 부랴부랴 자격증 도장 깨기를 시작했다. 각종 외국어 자격증에 컴퓨터 활용 관련 자격증은 물론이고 도움이 될 만한 민간 자격증까지 1년 만에 10개에 가까운 자격증을 취득했다. 하나도 만만한 자격증이 없었지만 그래도 열심히만 하면 된다는 느낌이 있었는데, 딱 하나 컴퓨터활용능력시험 만큼은 3번을 떨어지고 4번째에 합격할 때까지도 전혀 확신이 들지 않았다. 특히 실기시험이 엑세스와 엑셀 작업을 평가하는 시험이라 정말 어려웠는데, 그렇게 어렵게 공부해서 취득한 만큼 합격한 뒤에는 모든 직장인들의 필수 역량인 엑셀 작업은 어느 정도 잘

할 수 있을 거라는 확신이 들었다. 그런데 직장생활은 시작도 하기 전에, 교내 근로 장학생으로 행정부서에서 처음 다뤄본 기본적인 엑셀의 실무조차도 거의 제대로 수행하지 못했다. 머릿속에 지식은 있는데, 현장에서 요구되는 내용을 적용하려하니 빠르게 정리가 되지 않았다. 어떤 함수가 어떤 역할을 하고 어떻게 수식을 만드는지 묻는다면 바로 대답할 수 있었지만, 실제 데이터를 엑셀에 식으로 정리하라고 하면, 다시 인터넷을 뒤져서 방법을 찾고 있는 내 모습에 실소가 나왔다. '그렇게 고생해서 공부해놓고 이 정도도 못해서 인터넷을 찾는다고?' 참 어이없는 상황이 아닐 수 없었다. 그런데 부서의 과장님은 그 흔한 컴퓨터 관련 자격증 하나 없이 15년을 부서에서 일해온 분인데, 모르는 부분을 물어보면 완벽한 정답을 알려줄 뿐 아니라 오히려 정석적인 방법보다 더 쉽고 간편한 지름길을 알려주셨다. 그렇게 자격증을 따면서 얻은 지식보다 실제 우리 부서에서 필요한 내용들을 과장님께 하나하나 배우면서 몇 달이 지나자, 그 내용들이 손에 익어 빠르게 업무에 적응하여 실무에 투입될 수 있었다. 이 이야기를 하는 이유는 우리가 지금 말하기에 있어서 공식이나 정해진 길처럼 알고 배워온 것들도 앞선 이야기처럼 내 상황, 나라는 사람에 맞춰지지 않으면 제대로 사용하지 못하게 된다는 걸 말하기 위해서이다.

말은 손의 지문만큼 모든 사람이 다 다르다. 목소리, 억양은 물론이고 자주 쓰는 단어나 태도까지 완벽하게 일치하는 사람은 아무도 없다.

그렇기에 정형화된 말하기 연습은 어느 정도 틀은 잡아줄 수 있을지언정 수험공부나 운동처럼 하는 만큼 성장하는 데는 한계가 있다. 하물며 우리는 아나운서나 쇼호스트, 성우가 되려는 것이 아니라 그저 일상 속에서 원활하게 말 잘하는 사람이 되고 싶을 뿐이기 때문에 내가 가진 나의 말을 잘 깎고 다듬어나가는 게 무엇보다 중요하다. 특히 일상 속에서 말의 잘함은 자연스러움이 모든 것을 좌우한다고 해도 과언이 아닌데, 제대로 된 나의 말하기를 찾기도 전에 어디 학원에서, 강의에서 배운 스피치 기법을 적용한다? 안타깝게도 어려운 길로 돌아가고 있다고 말해주고 싶다. 스피치 교육을 받았거나 독학으로 공부해 본 사람이라면 이런 경험이 있을 것이다. 강의를 듣고 따라 하다 보면 목소리나 발성, 단어 선택도 제법 능숙해지면서 자신감도 한껏 올라가서 이제 어디서든 성장한 이 모습대로 잘 말할 수 있을 것 같았는데 막상 발표나 면접, 미팅 등의 현장에서는 배운 만큼 잘 나오지 않았던 경험 말이다. 어떻게 목소리를 내고 말을 내뱉고 단어를 선택하는지 배웠지만, 현장의 수많은 변수와 즉석에서 주어지는 상황에 모두 대응할 수는 없기 때문이다. 말을 잘하기 위해서 교육을 받는 것이 나쁘다는 뜻이 아니다. 말하기의 기본 틀을 쌓는 것 역시 분명 필요한 부분이다. 다만, 이것들을 나의 말로 만들어내지 못한다면 교육을 통해 배운 정형화된 틀 밖으로는 절대 벗어날 수 없을 것이다.

그렇다면 나의 말하기를 성장시킬 수 있는 방법은 무엇일까? 당연하게도 이번 챕터의 주제인 '혼잣말'이다. 개념의 범위가 애매하다고 느낄 수 있지만, 흔히 집에서 혼자 손톱깎이를 찾으며 "손톱깎이가 어디 숨어 있을까요~."하며 음정을 붙여 흥얼거리는 것부터 다음날 면접을 위해 거울 앞에 서서 예상 답변을 연습하는 것까지 모든 것이 혼잣말의 범주에 들어간다. 이러한 혼잣말의 힘은 생각보다 더 엄청나다. 특별히 엄청난 노력을 들일 필요도 없고 그저 꾸준함과 필요한 때에 잠깐의 연습이면 충분하다는 점 또한 그 힘에 힘을 더한다. 그렇다면 나의 말하기를 성장시켜 줄 혼잣말의 모습과 활용 방법에 대해서 알아보자.

먼저 나도 아직까지도 매일하고 있는 루틴이며 아주 적은 양으로도 꾸준함만 있다면 가장 눈에 띄는 성장을 보여주는 방법인 '혼자 읽기'다. 이 책을 쭉 읽어오다 보면 전문가가 아닌 평범한 사람의 말하기에서 발음, 발성, 목소리 등의 기술적인 요소는 크게 중요하지 않다는 생각을 갖게 됐을 것이다. 물론 평범한 사람이 매력적인 말하기를 하기 위해 우선순위에 둬야 하는 요소가 아닌 것은 맞다. 하지만, 시간과 노력이 허락된다면 발음, 발성, 목소리의 실력 향상은 무조건 도움이 되는 요소인 것은 확실하다. 그러니까 있어서 나쁠 건 전혀 없다는 것이다. 그런데 이 부분에 투자할 시간이 부족한 우리에게 필요한 것이 바로 혼자 읽기다.

우리는 참 많은 것을 읽는다. 아침에 일어나 어젯밤 있었던 축구 경기 요약 기사부터 각종 연예 관련 이슈, 책은 물론이고 볼일보다 심심해서 읽는 샴푸 뒤편의 성분표까지 말이다. 이렇듯 눈으로 읽는 많은 것들 중 내가 매일 읽는 분야를 하나 골라서 소리 내어 읽어보는 것이다. 분량은 상관없다. 10줄 미만의 한 문단부터 시작해서 내가 매일 해도 지치지 않을 정도의 양이면 충분하다. 특별한 방법도 없이 그냥 읽으면 끝이다. 여기서 단 하나의 규칙은 소리 내어 읽다가 틀렸을 때 처음으로 다시 돌아오는 작은 벌칙을 추가하는 것이다. 이와 같은 규칙으로 나 스스로와 게임을 하듯 읽다 보면 틀리지 않고 읽는 것에 집중하게 된다. 별것 아닐 수 있지만 자연스레 생기는 승부욕이 발음, 발성에 신경 써서 읽게 해주고 그러다 보면 그 부분이 점차 성장하게 되는 원리다. 단, 분량이 짧더라도 내가 정한 루틴을 포기하지 않도록 꾸준히 하는 것이 좋다. 전문가들처럼 하루에도 몇 시간씩 연습하는 것이 아니기 때문에 서서히 조금씩 성장하기 위해서는 짧더라도 꾸준히 하는 것이 중요하다. 그 어떤 글이라도 상관없다. 물론 정확하게 문법이 지켜진 뉴스 기사나 책이면 더욱 좋겠지만, 비문이 섞이거나 어법이 틀린 개인 블로그 등의 글도 상관없다. 오히려 예상치 못한 발음과 단어에 더욱 집중하게 되면 어려운 말을 발음하고 말할 때 도움이 될 수 있다. 실제로 나는 성경을 읽는 것으로 이 루틴을 진행하는데, 지금은 쓰지 않는 표현이나 단어가 상당히 많아서 발음 연습을 하는 데 상당히 큰 도움이 되고 있다. 핵심은 제한이 없는 자유로운 글 선정과 부담되지 않는 분량으로 이 과정이 어떤 연습이나 훈련이 아니라, 가벼운 하루의 루틴으로 여겨지게 하는 것이다. 그러면 따로 교육받지 않아도 일반인의 수준에서는 눈에 띄는 성장을 이룰 수 있을 것이다.

두 번째는 '나 변호하기'이다. 여기서부터는 다소 인위적인 행동을 해야 하기 때문에 거부감을 느낄 수도 있겠지만, 가벼운 혼잣말에도 부담을 떨쳐내지 못한다면 타인과의 말하기에서도 크게 나아지는 모습을 기대하기 어렵다는 것을 생각하고 한 번 도전해보길 바란다. 이 방법은 실제로 내가 진행하는 모습의 예를 보면 이해가 빠를 것이다.

일단 상황을 가정한다. 나는 보통 노트북 등의 고가의 물건이 사고 싶을 때 나 변호하기를 시작한다. 상황은 노트북을 새로 사는 걸 반대하는 아내에게 내가 노트북을 새로 사야만 하는 이유에 대해서 이야기한다는 가정이다. 이때 이 과정을 진행하기 위해 노트북에 대해 따로 조사하거나 새로운 정보를 찾아보지 않는다. 그저 막연하게 내 머릿속을 떠돌고 있는 이유들과 어렴풋이 봤던 노트북 모델에 대해 대충 알고 있는 정보로만 내 구매욕을 변호하는 것이다. 기존 노트북의 노후화부터 새 노트북의 장점, 바꿨을 때의 업무처리 향상 정도, 심지어는 그로 인한 우리 가정의 발전과 평화의 방안까지 다소 말도 안 되는 부분까지 장황하게 늘어놓는다. 따로 자리를 잡고 할 필요는 없고 샤워나 설거지를 하면서, 빨래를 널면서 하는 게 오히려 더 좋다. 이 방법으로 내가 원하는 다양한 것들과 상황을 가정하여 입 밖으로 뱉다 보면 나중에는 자연스러워질 것이다. 이 방법은 특히나 논리적인 말하기에 도움이 된다. 내용에는 논리가 없어도 상관없다. 논리적으로 말하는 태도나 말투 등의 기술적인 부분을 상당히 성장시킬 수 있다. 보통 논리적이고 명확한 이야기를 해야 하는 자리는 준비된 내용을 보고 읽는 등의 기계적인 모습이 많이 담기게 되는데, 이 혼잣말을 자주 하다 보면 자연스럽게 나만의 논리적인 말하기가 정착되고 실제 현장에서도 자연스럽게 적용할 수 있다. 마지막은 혼잣말의 부정적인 힘을 떨쳐내는 방법이다. 앞선 방법들은 혼잣말이라는 자연스러운 모습을 통해 긍정적인 말하기의 기술들을 자연스럽게 몸에 익히는 방법이었다면, 이번에는 반대로 부정적인 혼잣말로 인해 자연스럽게 쌓인 부정적인 요소들을 떨쳐내는 방법이다.

우리는 일상 속에서 피곤하다, 힘들다, 짜증 난다 등의 부정적인 혼잣말들을 상당히 많이 한다. 그저 순간의 부정적인 감정을 털어내는 것이라고 생각하겠지만, 말로 뱉음으로 인해서 생각으로 그쳤을 그 감정은 한 번 더 나에게 중첩된다. 그런데 이런 말들은 하루에도 수십 번씩 반복하는 경우가 많기 때문에 하루가 끝날 때쯤에는 생각보다 훨씬 큰 부정적인 타격을 받아있는 상태가 된다. 그렇다고 본능적으로 나오는 부정적인 혼잣말을 단박에 막고 뱉지 않는 것 또한 거의 불가능에 가깝다. 그래서 고안한 방법이 '과하게 치환하기'이다.

나는 보통 운전할 때 부정적인 말을 많이 하는 편이었다. 아무도 없이 혼자 있는 공간이라 더욱 참기가 어려웠다. 그래서 이 부분을 고쳐야겠다고 마음먹고 앞차가 무리하게 끼어들거나 도로에서 갑자기 자전거가 튀어나오는 등 부정적인 말이 튀어나올 때는 오히려 오버해서 웃으면서 "허허 저거 저 자전거 탄 친구 목숨 여분이 집에 넉넉하게 있나 보네."라고 외쳤다. 말을 길게 늘어뜨리고 신선한 표현일수록 감정이 신기할 정도로 빠르게 가라앉는다. 예를 들어 일하면서 피곤하다는 말이 튀어나오려 할 때, "알고 보니 어젯밤에 거북이가 간을 빼간 게 분명하구나." 정도의 문장을 쏟아내다 보면 내가 느끼는 감정이 생각보다 쉽게 풀어질 거였다는 게 느껴진다. 이 방법을 쓰다 보면 부정적인 감정에서 빠르게 벗어날 수 있는 건 물론이고 점점 말을 만들면서 기본적인 유머나 말의 구성도 자연스럽게 성장시킬 수 있고 표현도 훨씬 풍부해진다.

우리가 습관처럼 쏟아내는 부정적인 말들 중 실제로 그 말만큼 부정적인 상황은 거의 없다. 그저 말할 표현이 그것 말고는 없어서 뱉어내는 경우가 대부분이다. 그런데 그렇게까지 피곤하고, 배고프고, 짜증나고, 화나지 않는데도 입 밖으로 뱉다 보면 내 감정도 그 말 따라 그 수준까지 빠져들게 될 수 있다. 그럴 땐 이 방법으로 한 방에 역전시켜보길 바란다.

혼잣말은 보통 생각하기로 다소 민망하게 느껴질 수 있다. 그런데 그야말로 혼잣말인데 부끄러울 게 뭐가 있겠는가. 처음 해볼 때의 잠깐의 어색함만 지나가면 앞서 이야기했듯이 별 노력 들이지 않고도 나의 말하기를 크게 성장시킬 수 있다. 아무리 연습하고 훈련해도 나의 말하기가 아니면 결국 부자연스러움이 남게 된다. 누군가 가르쳐주는 기술이 아니라, 나의 말에서 내가 성장시키는 나의 말하기를 위해 혼잣말을 활용하는 것을 추천한다.

# 말에서 글에서 다시 말로

대학 졸업 후 취업 준비를 할 때, 자기소개서 작성부터 입사 시험과 면접 준비까지 어느 하나 만만한 과정이 없었지만, 그중에서 가장 나를 괴롭혔던 건 1분 자기소개였다. 각 기업별로 면접 형식과 질문 내용은 모두 달랐지만, 1분 자기소개만큼은 대부분의 기업 면접에서 공통적으로 요구하는 사항이었다. 다른 예상 질문과는 다르게 기정사실화된 질문인 만큼 모든 지원자가 완벽한 1분을 위해서 철저하게 준비하는 부분이기도 했다. 특히 한 번만 완벽하게 준비해놓으면, 조금씩 바꿔가며 모든 면접에서 써먹을 수 있기에 나 역시 1분 자기소개 준비로 취업 준비의 첫발을 뗐다. 몇 날 며칠을 고민해서 완벽한 한 단락을 만들어냈고 자다가도 툭 치면 튀어나올 정도로 달달 외우며 취업 준비를 시작했다. 그렇게 긴장으로 망친 첫 면접을 시작으로 몇 번의 면접을 거치면서 점차 긴장은 사라지고 원활한 면접을 이어가게 됐다. 그런데 경험이 쌓이고 면접 실력이 올라가면서 한 가지 뭔가 부족한 모습이 두드러지기 시작했다. 바로 1분 자기소개였다. 어떤 과정보다도 가장 오랜 시간을 공들여 준비했고 써놓은 1분 자기소개를 보면 아직도 이보다 완벽할 수 없다는 생각이 드는데, 막상 현장에서 1분 자기소개를 할 땐 뭔가 어색함이 느껴졌다. 그럴수록 문장을 더 가다듬고 단어도 바꿔보고 계속해서 수정해봤지만, 입 밖으로 내는 1분 자기소개는 여전히 어딘가 부자연스러웠다. 그러다 정말 가고 싶던 기업의 최종 면접에서 면접관 한 분이 지원자들에게 가벼운 피드백을 줬는데, 나에게 "스피치 실력이 또래에 비해 월등하고 면접이라는 전형에 대한 이해도가 상당히 높은 것 같다. 맨 앞의 자기소개만 빼고."라는 피드백을 남겼다. 엄청난 충격을 받았다. 조금 건방지게도 나의 스피치와 면접이 좋은 건 알고 있었다. 그런데 그중에서도 가장 공들이고 많은 시간을 투자한 1분 자기소개가 별로였다는 이야기는 쉽게 납득하기 어려웠다. 그 냉정한 평가를 듣고 바로 다시 살펴본 1분 자기소개 대본은 아무리 봐도 빈틈없이 완벽했다. 도대체 뭐가 문제였는지 알 수가 없었다.

그렇게 답답한 마음을 해결하지 못한 채로 상심한 나를 달래준다며 나오라는 친구를 만났다. 당연히 그 친구에게도 1분 자기소개 대본을 보여줬고 친구 역시 딱히 이상한 점을 못 찾았다며 그 면접관이 이상한 거 아니냐는 위로를 건넸다. 그러다 친구가 직접 보면 뭔가 알 수 있지 않겠냐며 자기 앞에서 한번 해보라고 의견을 냈다. 나는 준비할 것도 없이 누르기만 하면 자동으로 쏟아져 나오는 1분 자기소개서를 그 자리에서 바로 일어나 줄줄 읊었다. 면접 때의 긴장도 없겠다, 어느 때보다 완벽하게 1분 자기소개를 끝냈다. 그러자 가만히 듣고 있던 친구가 뭐가 문제인지 확실히 알겠다는 것 아닌가. 친구가 이야기한 내 1분 자기소개의 문제는, 책을 보지 않고 책을 읽는 것 같다는 점이었다. 다시 말해, 책만 안 들었다 뿐이지 책에 쓰여 있는 내용을 그대로 보고 읽는 것 같은 느낌이 든다는 것이다. 1분 자기소개의 내용 자체는 완벽한데, 그걸 말로 소리를 내어 읽으니 문어체와 구어체의 차이에서 오는 어색함이 느껴졌고 그 어색함이 문제였던 것이다. 실제로 예상 질문에 대해 키워드만 정해놓고 즉석에서 답변하는 대답과 미리 짜놓은 1분 자기소개의 대답을 녹음해서 들어보니 큰 차이가 있었다. 이후에 이 부분을 적극적으로 고쳤고 취업 성공에도 큰 도움이 됐다. 이때 썼던 방법이 말에서 글에서 다시 말로 바꾸는 3단 변신 프로젝트였다. 지금부터 소개할 이 방법만 잘 활용해도 학교나 직장에서 맡아서 진행해야 할 발표부터 중요한 자리에서의 대화까지 정보를 이야기해야 하는 상황이라면 큰 도움이 될 것이다.

먼저 이 시스템의 원리를 알아야 한다. 보통 말을 그대로 글로 옮기거나, 글을 그대로 말로 읽었을 때 어색함이 생기는 이유는 문어체와 구어체에서 각각 자주 쓰는 표현과 방식에 차이가 있기 때문이다. 예를 들어 '오빠와 나는 함께 밥을 먹었다.'라는 말은 문어체적 표현이 더 많이 들어가 있는 문장이다. 지금 우리가 저 문장을 글로 읽을 때는 어색함을 느끼지 않지만, 소리 내어 말하는 일상의 말로는 어색함이 느껴진다. 저 문장을 구어체적으로 표현하면 '오빠랑 같이 밥을 먹었다.' 정도가 되겠다. 이렇듯 쓰이는 상황에 따른 차이가 문어체와 구어체의 차이라고 할 수 있다. 문어체는 정보를 좀 더 구체적이고 확실한 표현으로 담을 수 있고 구어체는 정보를 더 부드럽고 자연스럽게 표현할 수 있다는 각각의 장점이 있다. 보통 스피치를 배울 때 먼저 글로 쓰고 말로 옮기는 훈련을 하곤 하는데, 앞서 이야기했듯이 한 단계만 거치면 문어체와 구어체의 괴리에서 오는 어색함이 담길 수가 있다. 그래서 여기에 한 단계를 더해서 각 장점을 흡수한 최적의 말하기를 구성하는 게 이번 챕터의 목적이다.

일단 방법 자체는 간단하다. 내가 말하고자 하는 정보를 최대한 논리 정연하게 글로 적고 몇 번의 수정을 거쳐 완벽한 하나의 내용을 만든다. 그리고 적은 내용을 소리 내 읽어보고 문장이 너무 길거나 말로 뱉기에는 입에 붙지 않는 내용들을 체크한다. 이후에 체크한 부분들을 말하기 자연스러운 표현으로 바꾸고 그렇게 말하기 편한 형태로 바꾼 내용으로 말하기를 연습하는 것이다.

방법은 간단하지만 각 과정마다 신경 써야 할 부분들이 있다. 일단 처음 정보를 글로 적을 때, 절대 빠지면 안 되는 키워드에 표시를 해둬야 한다. 이 표시는 최종본이 나올 때까지 지우지 않고 계속 유지된 채로 수정을 거쳐야 한다. 간혹 말하기의 자연스러움에만 집중하다 보면 중요한 포인트를 놓치는 경우가 생길 수 있기 때문이다. 그리고 처음 정리한 내용을 소리 내 읽어볼 때, 단순히 문장을 읽어내려 가는데 집중하지 않고 내가 자연스럽게 말을 뱉고 있는지에 집중해서 읽어야 한다. 생각 없이 읽다 보면 완벽하게 정리된 내용 자체에 빠져들어 말할 때 부자연스러운 부분을 잡아내기가 어렵다. 그런 뒤에 말하기용으로 바꿔 적고 다시 말하기를 연습할 때는 적혀져 있는 내용을 외워서 말한다는 생각을 버리고 처음에 체크한 키워드를 중심으로 풀어낸다는 느낌으로 연습해야 한다. 이쯤 되면 해당 내용이 익숙해져서 말하는 순서나 핵심 포인트들이 어렴풋이 머릿속에 정리될 텐데, 그 조각들을 모아서 내뱉는다는 느낌으로 연습하는 것이다. 그러다 보면 앞서 말하기용으로 정리된 내용보다도 더욱 간결하고 자연스러운 표현이 생겨나고 그 부분을 다시 적용하여 더욱 자연스럽게 깎아낼 수 있게 된다.

아마 이러한 과정을 거치지 않고 문어체적으로 표현된 내용을 그대로 읽어 전달하는 이유는 말하는 과정에서 실수를 줄이기 위함의 이유도 있을 것이다. 하지만 개인적으로는 작은 실수가 있더라도 전달력을 높이는 것이 훨씬 더 효과적이라고 생각한다. 또한 오히려 나에게 정말 중요한 발표나 스피치일수록 더 많은 시간을 투자하여 이 과정을 거친 뒤에 자연스럽고 전달력 높은 모습을 보여주는 것이 좋다고 생각한다. 물론 실적 보고 등의 정량적인 수치를 명확히 전달해야 하는 상황이라면 지나치게 구어체적 표현으로 고쳐 이야기하는 건 무리가 있을 수 있지만, 그러한 상황에서도 간단하게 말의 어미나 접속어 등의 작은 요소들을 말하기용으로 바꿔주는 것만으로도 훨씬 더 자연스러운 정보 전달을 이뤄낼 수 있다. 아마 글로만 봐서는 정확히 어떤 식으로 적용해야 할지 이해하기 어려울 수 있기 때문에 간단한 예시를 통해 쉽게 이해해보도록 하자.


본래 내용

안녕하십니까. 1조의 발표를 맡은 이홍열입니다.

저희는 'MZ세대의 특징과 소비 패턴 분석을 통한 마케팅 전략'을 주제로 맡아 발표를 준비하였습니다. 발표 시작하겠습니다.

먼저 MZ세대의 특징을 크게 3가지로 분류하여 각 특징과 소비 패턴의 유의미한 상관관계에 대해 말씀드리겠습니다.

첫째, 'MZ세대 유행의 높은 휘발성'입니다.

앞의 표를 봐주시기 바랍니다.

MZ세대는 전 세대를 통틀어 가장 높은 미디어 점유율을 나타내고 있습니다. (중략)

위의 내용을 보면, 전달하고자 하는 정보가 간결하고 정확하게 들어가 있고 눈으로 읽기에 어색한 부분이 거의 느껴지지 않는다. 하지만 '~하였습니다.', '~하여,' 같은 구어체로는 잘 쓰이지 않는 표현이 들어가 있고 주제를 말할 때 문장에 녹여내지 않고 작은따옴표 안에 넣어 대명사처럼 표현하는 점도 소리 내어 읽으면 어색하게 느껴진다. 그런데 앞서 이야기했듯이 내용 자체에 매몰되어 말하기의 어색함을 인식하지 못할 수도 있다. 그럴 때는 읽을 때 자신의 호흡과 발음을 느껴보면 된다. 분명 호흡이 짧게 끝나버리거나 지나치게 길어 한 호흡에 담기 어렵기도 하고 특정 단어를 발음할 때 입 모양이 어색하게 느껴진다면 말하기용 표현으로 바꿔주는 게 좋다. 이러한 작은 부분들만 고쳐도 아래의 내용처럼 좀 더 편안하게 소리 내어 읽을 수 있을 것이다.

문어체 → 구어체

안녕하십니까. 1조의 발표를 맡은 이홍열입니다.

저희는 'MZ세대의 특징과 소비 패턴 분석을 통한 마케팅 전략'이라는 주제로 발표를 준비했습니다. 그럼 발표 시작하겠습니다

MZ세대의 특징은 크게 3가지로 나눌 수 있습니다. 그래서 저희는 각각의 특징과 소비 패턴의 관계를 연결시켜봤는데요.

이 과정에서 상당히 유의미한 상관관계를 찾을 수 있었습니다.

첫 번째로, MZ세대는 유행의 휘발성이 상대적으로 높다는 점입니

다.

화면의 표를 보시면, MZ세대는 다른 어떤 세대보다도 높은 미디어 점유율을 나타내고 있습니다. (중략)

이처럼 문어체식 표현을 구어체 식으로 바꾸는 것만으로도 훨씬 자연스러운 말하기를 완성할 수 있다. 여기까지만 거친 뒤에 대본을 보고 읽어도 깔끔하게 스피치를 마칠 수 있겠지만, 더욱 경쟁력을 갖춘 모습을 보이고 싶다면 여기서 한 과정을 더 진행하면 된다. 완성된 내용을 보고 읽는 것이 아니라, 핵심 키워드를 중심으로 외워서 말할 수 있도록 연습하는 것이다. 단순히 내용을 외워서 말함으로써 프로페셔널한 모습을 보이기 위해서가 아니라, 구어체식으로 정리된 내용을 외워서 말하다 보면 내용에 대한 집착을 떨쳐내고 나의 말하기에 최적화된 표현을 한 단계 더 찾을 수 있기 때문이다. 게다가 외우는 과정에서 불필요한 표현은 버리고 더욱 간결하게 내용을 탈피시킬 수 있게 된다. 단순히 문어체를 구어체로 바꾼 것을 넘어서 '나'라는 말하는 주체에 최적화된 말하기를 만듦으로써 훨씬 더 자연스럽고 완벽한 스피치를 보여줄 수 있을 것이다.

혹시나 이 과정을 거친 뒤에도 대본 없이 외워서 하는 부분이 부담스럽다면, 이 최종 과정을 거친 말하기를 다시 글로 적어 대본과 함께 진행해도 된다. 그렇게만 해도 이 과정까지 거친 당신의 발표는 충분한 경쟁력을 갖췄기 때문에 자신감 있게 자리에 임할 수 있을 것이다.

# 말은 어디서 오는가

얼마 전 우연히 세계적으로 오래된 논쟁거리 중의 하나인 '닭이 먼저인가, 달걀이 먼저인가.'에 대한 영상을 보게 됐다. 간단한 명제라고 생각했는데, 아직 과학적으로도 명확히 결론짓지 못하고 있다는 사실이 놀라웠다. 영상을 보며 내가 가진 논리를 총동원해서 머리를 굴려봤지만 명확한 해답을 찾지 못하던 중에, 한 댓글을 보고 무릎을 탁 쳤다. "수탉이 먼저다." 순간 복잡했던 머릿속이 정리되면서 체증이 싹 가라앉았다. 물론, '그럼 그 수탉은 어디서 왔나?'에 대한 논쟁으로 댓글 창이 불타고 있었지만, 적어도 달걀을 낳는 암탉과 암탉에게서 나온 달걀보다는 수탉이 더 근원에 가깝다는 건 분명했다.

세상 모든 것에는 근원이 있다. 아무리 복잡한 개념이라고 해도 한 꺼풀씩 벗겨가다 보면 그것이 시작된 근원을 찾아낼 수 있다. 매일 식탁 위에 올라오는 흰 쌀밥은 쌀을 판매하는 마트, 마트에 쌀을 유통하는 도매업체, 그 과정의 중간 유통 업체, 쌀을 도정하는 업자, 벼를 농사 짓는 농부, 벼를 자라게 하는 땅까지 역순으로 근원을 찾아갈 수 있다. 물론 그 이전의 자연적인 현상이나 과정 중 발생하는 수많은 변수들도 작용을 하겠지만, 큰 범위의 근원은 벼를 농사짓는 땅이라고 할 수 있 겠다. 또 물리적인 실체가 없는 개념에도 근원은 존재한다. 한 연인의 사랑의 근원은 그들이 처음 만난 시간이나 장소가 될 것이며, 반대로 철천지 원수지간의 증오의 근원은 친구의 잘되는 모습이 아니꼬웠던 그 작은 질투 따위 등이 될 것이다.

이쯤 되면 우리는 당연히 말에도 근원이 있다는 사실을 깨닫게 될 것 이다. 말의 근원은 어디일까? 많은 사람들이 말의 근원을 오해하고 있 다. 아니, 말에 근원이 있다는 생각 자체를 해본 적 없거나 생각은 해봤 어도 그 중요성에 대해서는 인식하지 못하고 있을 것이다. 그런데 말 을 잘 못해서 고민인 사람들 중에 상당수가 말의 근원에서 오는 문제가 말하기까지 이어지는 경우가 많다. 사실 당연한 이치다. 앞서 이야기한 쌀밥을 예로 들어보자. 땅에서 자란 벼가 우리의 밥상에 오기까지 수많 은 과정을 거치는데, 만일 그 땅이 각종 오염물로 뒤덮인 땅이라면 어 떨까? 그 땅에서 자란 벼는 이미 오염물을 뒤덮은 채 수확될 것이고 중간 과정에서 그 문제를 해결하기 위해 아무리 많은 조치를 취한다 한들, 근원에서 시작된 문제를 완전히 해결할 수는 없다. 기술이 아주 발전해서 오염물을 100% 제거했다고 해도, 오염된 땅에서 자란 쌀이라는 오명을 씻고 상품성을 회복하는 건 또 다른 문제이고 말이다. 말의 문제도 비슷한 이치다. 만약 지금 나의 말하기의 문제가 말의 근원에서 시작된 문제라면, 아무리 대단한 스피치를 연습한다고 한들 한계가 있다는 것이다. 그렇다면 우리는 이제 말의 근원을 찾아야 한다. 말의 근원은 크게 3가지로 나뉜다. 지금부터 이야기할 이 3가지를 기준으로 가지를 뻗어나가며 내 말의 근원은 어디 있고 어떤 문제가 있는지, 그리고 어떻게 해결해야 하는지 살펴보자.

먼저, 말의 근원이 상황인 경우이다. 특정한 상황에 의해서 나의 말하기가 가장 큰 영향을 받는 것을 뜻한다. 대표적인 예가 바로 면접의 상황이다. 인생의 가장 큰 요소를 결정짓는 자리인 만큼 면접 상황에서의 긴장과 떨림은 당연한 모습이다. 그런데 이 긴장이야말로 말하기의 가장 큰 적이다. 인생에서 가장 잘 말해야 하는 순간에 가장 큰 적과 함께해야 하는 것이다. 그래서 면접 현장에서는 긴장을 줄이는 것이 가장 중요한 전략이라고 할 수 있는데, 이게 여간 어려운 일이 아니다. 그런데, 보통 여기서 많은 사람들이 오류를 범한다. 내가 면접 현장에서 말하기에 실패하는 이유가 말하기를 더 많이 연습하지 못해서라고 생각한다는 것이다. 내가 면접에서의 답변을 완벽하게 준비한다면, 긴장도 줄어들 것이라는 착각이다. 어느 정도는 맞는 말이다. 그런데, 긴장은 그러한 범주를 넘어선다. 몇 날 며칠을 달달 외워간 답변도 긴장이 심해지면 블랙아웃, 즉 머릿속이 까매지는 건 예삿일이기 때문이다. 그러니까 우리가 면접 현장에서 말하기에 실패하는 이유는 말하기 준비가 덜 되어서가 아니라, 그 상황의 긴장을 해결하지 못했기 때문인 것이다.

얼마 전 공공기관 채용설명회에서 현직자들을 초대한 토크콘서트의 MC를 맡았던 적이 있다. 수많은 취업준비생들이 함께했고 자유롭게 질문을 받았는데, 가장 많이 들어온 질문이 바로 면접을 준비하는 방법에 관한 부분이었다. 주로 예상 질문을 어떻게 준비했는지, 답변의 길이는 어땠는지, 1분 자기소개는 어떻게 구성했는지 등의 면접 준비의 방법에 관한 내용들이었다. 그런데 합격자들의 답변은 같은 맥락이었다. 완벽한 답을 늘어놓기보다는 내가 공부한 내용을 가지고 면접관과 대화한다는 생각으로 임하라는 것. 특히 면접이라는 상황에 매몰되어 과도한 긴장에 빠지지 않아야 한다는 점을 강조했다. 긴장을 내려놓고 면접 상황에 임하면, 그저 단순한 대화의 현장이기 때문에 잘 대답해야 한다는 강박도 사라지고 편안하게 진정성 있는 이야기를 전할 수 있다는 것이다.

이게 바로 상황이 근원이 되는 말하기의 문제를 해결하는 방법이다. 특정한 상황이 부여하는 부담, 긴장 등의 요소로 인해 나의 말하기가 방해받고 문제가 생겼다면, 말하기 자체에 포커스를 맞추는 것이 아니라 그 요소를 없애는 데 집중해야 한다. 그 문제를 해결하지 않으면 아무리 말하기를 연습하고 훈련해도 크게 나아지지 않는다. 오염된 땅에서 난 쌀은 아무리 깨끗한 과정을 거쳐도 그 오명을 벗을 수 없는 것처럼 말이다.

다시 면접이라는 상황이 부여하는 긴장의 문제를 해결하는 방법으로 돌아오면, 면접에 과도한 긴장을 하는 이유는 2가지 정도다. 면접관이 내가 모르는 질문을 던지면 어떡하나 하는 것과 면접에서 떨어지면 어떡하나 하는 것이다. 일단 면접관이 모르는 질문을 던지는 부분에 대해서는 전혀 걱정할 필요 없다. 실제로 면접관으로 들어가는 인사담당자들과 취업 설명회를 자주 진행하는데, 모르는 질문이 나왔을 때 "이 질문은 제가 생각해보지 못한 부분이라 다음에 기회가 된다면 꼭 준비해서 답변드릴 수 있도록 노력하겠습니다." 정도의 대답이면 충분하다고 말한다. 혹은 아는 질문인데 잠시 생각이 나지 않을 때, "잠시 생각할 시간을 주시겠습니까?"라고 침착하게 답한 뒤 대답하는 것도 오히려 좋은 답변이라고 느낀다고 한다. 핵심은 내가 준비하지 못한 부분에 대해서 걱정할 필요 없다는 것이다. 준비하지 못한 부분은 어차피 답할 수 없기 때문에 솔직하게 말하고 넘겨도 면접관들 입장에서는 당락을 결정짓는 중요한 요소로 여기지 않는다는 걸 생각한다면, 이 부분에 대한 긴장은 사라질 것이다. 또 떨어짐에 대한 두려움으로 긴장이 되는 것도 같은 맥락이다. 취업 준비를 하다 보면 정말 잘 봤다고 생각하는 면접에서 떨어지거나 '망했다.'라고 생각한 면접에서 덜컥 합격하는 경험이 종종 있을 것이다. 결국엔 기업별, 면접관별 합격을 결정짓는 요소는 모두 다르기 때문에 이 역시 내가 어쩌지 못하는 부분이라는 것을 인식하면 떨림은 사라진다. 실제로 취업 준비 시절 완벽하게 끝냈다고 생각했던 최종면접에서 떨어진 경험이 있는데, 이 이후로는 면접에 가도 별로 떨리지가 않았다. 내가 잘하던 못하던 결과는 나한테 달린 게 아니라는 생각이 들었기 때문이다. 그저 내가 준비한 걸 털어내고 오면 그만이라는 마음가짐만 있으면 긴장은 사라질 것이다.

두 번째로 말의 근원이 행동인 경우이다. 나는 말을 할 때 손을 상당히 많이 사용한다. 언젠가 한 번은 친구들과의 술자리에서 손을 안 쓰고 말할 수 있는지 한번 보자며 재미 삼아 실험했던 적이 있는데, 말이 제대로 나오지 않아 모두가 웃고 놀랐던 적이 있다. 이처럼 말을 할 때 자신만의 특징이 드러나는 사람들이 있다. 작게는 눈을 깜빡이는 정도가 달라지기도 하고 나처럼 손을 많이 사용하는가 하면, 미소를 짓고 고개를 흔드는 등 다양하게 나타난다. 이러한 모습은 말의 근원이 그 행동에서 온다기보다는 그 행동과 말이 떨어질 수 없는 하나의 몸이 되는 것이다. 그런데 이 같은 행동이 나도 모르게 말하기를 방해하는 요소로 연결되는 경우가 꽤 많다. 긴장하면 과하게 다리를 떠는 것이 대표적인 모습이라고 할 수 있다. 본인도 모르게 나오는 행동들이지만 이러한 경험이 계속해서 쌓이다 보면 그 행동과 긴장이라는 감정이 하나로 연결되어 그 행동이 지속되는 이상 긴장은 쉽게 사라지지 않게 된다. 그러면 결국 근원이 되는 그 행동으로 인해 나의 말하기가 방해받는 결과를 낳는 것이다. 앞서 말한 긴장할 때 다리를 떠는 것, 조급할 때 손으로 딱딱 소리를 내는 것, 흥분할 때 자리에서 벌떡 일어나는 것 등이 그런 모습이다. 의식적으로 살펴보면 안 좋은 말하기의 모습이 나올 때 반드시 동반되는 행동들이 보인다. 그래서 본인이 말하기에 어려움을 겪는 감정이나 상황에서 어떤 행동을 하는지 살펴보면 그 행동을 고침으로써 나도 모르게 방해받던 요소를 없앨 수 있는 것이다.

실제로 친구 중에 다 같이 이야기하는 자리에서 조금 흥분하거나 텐션이 올라가면 일단 자리에서 벌떡 일어나는 친구가 있다. 재밌는 상황에서야 서로 웃을 수 있는 포인트가 되지만, 조금 언성이 높아지는 논쟁이 있을 때는 다들 그 모습을 상당히 불쾌해한다. 안 그래도 목소리도 크고 덩치도 큰 친구라 위협감이 느껴지기 때문이다. 그래서 다 얘기해도 좋으니까 일어나지만 말라고 자제시킨 뒤로는 상당히 차분해지고 말투도 많이 바뀐 게 보였다. 이처럼 안 좋은 말하기 습관과 연결된 행동을 바꾸는 것만으로도 말하기 문제의 상당부분을 해결할 수 있다. 혹시 스스로 찾아내기 어려울 땐 가까운 사람들에게 본인의 말할 때 행동 습관에 대해 물어보면 도움이 될 것이다.

마지막으로 말의 근원이 생각에서 오는 경우이다. 너무나 당연하게도 정신적으로 흔들릴 땐 말도 제대로 나오지 않는다. 여기서 정신적으로 흔들린다는 건 심각한 질환이 아니라 지금 내 머릿속을 헤집으며 말하기에 집중하는 것을 '방해하고 있는 생각' 정도의 의미이다. 생각이 평온하지 않은 상황에서는 일단 듣기가 안 된다. 뒤의 챕터에서도 이야기하겠지만 말하기에 있어서 듣기는 내가 상대방과 대화하기 위한 정보와 소스를 얻기 위해 상당히 중요한 과정인데, 이 과정에 문제가 생기면 말하기에도 연쇄적으로 문제가 생기게 된다. 그래서 우리는 먼저 생각을 정리하고 말하기의 현장에 들어가야 한다.

가장 이해하기 쉬운 모습이 바로 연인과의 대화에서 나타나는 모습이다. 퇴근하고 여자 친구와 함께 저녁 식사를 하는 자리에서 퇴근 전 상사가 이야기한 업무 관련 내용에 신경 쓰이는 부분이 계속 머릿속을 맴돌고 있다고 생각해보자. 앞에서 여자 친구가 이런저런 이야기를 하고 있는데 들리기는 하지만 집중이 되지 않아 내용을 제대로 듣지 못하고 있다면, 그 이야기에 대한 피드백을 하지 못하거나 관련 없는 아무 말이나 하게 된다. 여자 친구는 서운함을 내비칠 것이고 대화와 관계는 급속도로 냉랭해진다. 사실 그리 중요한 생각도 아니었고 지금 당장 해야 할 시급한 문제도 아니었다. 여기서 문제가 생기는 것이다. 나는 중요한 문제라고 생각하지 않아서 그 부분에 대해 상대방에게 따로 언급하지 않았고 상대방은 별문제 없는 평범한 대화를 할 거라는 기대를 갖고 있는데, 정작 나는 별로 중요하지 않은 그 문제에 사로잡혀 대화에 집중을 못 하게 되는 것이다. 그러니까 그 문제 자체의 중요성은 중요하지 않다. 아주 간단한 생각이라도 내 머릿속에서 쉽게 떨쳐내지 못한다면, 그 생각을 떨쳐내고 가야 한다. 가벼운 생각이라고 그냥 넘어가자고 판단하면 위와 같은 냉랭한 여자 친구의 얼굴을 마주하게 될 수 있기 때문이다. 그럴 땐 상대방에게 양해를 구하고 생각을 떨쳐낼 수 있는 일을 한 뒤에 다시 대화로 돌아오는 게 대화에 집중 못해서 못 듣고 못 말하는 것보다 훨씬 낫다. 오히려 상대방으로 하여금 내가 상대방과의 대화에 집중하고 있다는 이미지를 심어줄 수 있는 건 덤이다. 물론 지나치게 길어지거나 계속해서 신경 써야 하는 상황이라면 역효과가 날 수 있으니 그 수준을 적절하게 잘 조절해야 하는 것도 명심하자.

아마 앞서 이야기한 말하기의 근원 3가지에 대해 인식하고 있는 것만으로도 나의 안 좋은 말하기의 모습을 상당 부분 해결할 수 있을 것이다. 우리는 말이 머리에서 입으로 나오는 단편적인 과정이 전부라고 생각하지만, 의외로 입 밖으로 나오는 말에는 수많은 요소가 복합적으로 작용하며 그를 거슬러 올라가면 명확한 근원이 나오게 된다. 분명 무언가 말하기에 문제가 있는 건 분명한데 그 원인을 파악할 수 없는 경우라면, 앞선 3가지의 경우를 하나씩 대입하며 천천히 하나씩 거슬러 올라가 보자. 그러면 나를 방해하고 있던 깊은 근원을 발견할 수 있을 것이다. 말의 근원은 보통 깊게 자리 잡고 있기 때문에 당장에 해결할 수 없는 경우도 많겠지만, 하나씩 천천히 해결하다 보면 분명 더 나은 말하기의 모습으로 발전할 수 있을 것이다.

# 쫄지 마라

대학교 4학년 시절 입사 면접이라는 걸 처음으로 보러 갔을 때의 일이다. 전공과 연계된 기업이 과 내 공고로 올라와 서류 면제로 곧바로 면접이 잡혔다. 입사 면접을 본 적은 한 번도 없었지만, 대학교 4년 내내 모든 팀플의 발표를 맡아왔고 교내 토론대회에서 준우승을 했을 정도로 스피치에는 자신 있었기 때문에 전혀 걱정되지 않았다. 게다가 면접 예상 질문까지 친절하게 나와 있었기 때문에 준비된 모습을 잘 보여주기만 하면 되는 자리였다. 그렇게 면접 날이 되고 면접장 문을 여는 순간까지도 일말의 긴장도 없었는데, 문을 열고 마주친 면접관들의 눈을 보자마자 생전 겪어본 적 없는 미칠듯한 긴장이 몰아치기 시작했다. 30분간의 면접 시간이 거의 기억이 나지 않을 정도로 머리가 새하얘졌고 기억나는 거라고는 횡설수설하며 식은땀 흘리는 한 멍청이의 모습 밖에는 없었다. 준비한 답변이 기억나지 않았다거나, 질문의 의도와 다른 대답을 했다거나 하는 실수의 영역이 아니라 아예 제대로 말을 하지 못하는 정도였다. 그렇게 20년 넘게 쌓아왔던 스피치에 대한 자신감은 곤두박질쳤고 이후에 몇 번 더 있었던 면접의 상황도 별반 다르지 않았다.

그렇게 시간이 지날수록 면접 자체에 트라우마가 생겨 자신감을 잃어가고 있던 와중에 먼저 취업한 고향 친구의 조언에서 눈이 번쩍 뜨였다. 친구도 마찬가지로 긴장 때문에 면접에서 연거푸 고배를 마시던 중 문득 '그래봐야 저기 앉아있는 사람들이 나보다 스펙이 좋겠어?'라는 생각이 들었다고 한다. '시대를 잘 만나서 저 자리에 앉아있는 거지 내가 꿀릴 것 하나도 없어, 어차피 내가 더 젊고 스펙도 좋고 더 똑똑해.'라는 생각으로 마인드 컨트롤을 했다고 한다. 물론 저 생각의 사실 여부를 실제로 따지는 건 문제가 될 수도 있다. 하지만 생각하는 건 자유인데 무슨 상관이겠는가? 그 생각을 하면서 내 긴장을 다스릴 수만 있다면 상상력이 허락하는 한 무엇이든 생각하는 게 좋을 것이다. 친구의 꿀팁을 듣고 그날부터 면접장에 들어설 때마다, 가장 짧고 효과적인 비속어가 섞인 한마디로 마인드 컨트롤을 했다. "다 내 밥이다." 이 한마디면 거짓말처럼 마음이 평온해졌고 긴장이 싹 사라졌다. 긴장이 사라지자 평소에 갈고 닦았던 스피치가 빛을 발휘하기 시작했고 꽤 여러 회사에 동시에 합격해 골라서 갈 수 있는 영광을 쟁취할 수 있었다.

나름 말을 잘한다고 하는 사람도 한 방에 무너지는 게 바로 긴장, 즉 두려움이다. 한 번 겁을 먹게 되면 거기서 빠져나오는 게 여간 쉬운 일이 아니다. 앞선 챕터에서 매력적으로 말하기 위해 준비해야 할 모든 것들을 다 준비했다고 해도 긴장해버리면 꺼내 보기도 전에 끝나버리게 된다. 그런데 반대로 생각해보면 이보다 좋은 기회가 없다. 긴장만 버리면 나의 말하기 역량을 엄청나게 끌어올릴 수 있다는 뜻이기 때문이다. 여기서 말하는 크고 중요한 자리에서의 긴장만을 뜻하는 게 아니라, 평소에 관계 속에서의 말하기 자체에 부담을 느끼고 긴장 때문에 위축돼있는 평범한 상황까지도 모두 포함하는 말이다. 그럼 말하기의 긴장을 내려놓는 마인드 셋 방법에 대해서 하나씩 알아보자

첫째는 '절벽에서 뛰어내려 보기'이다. 삶을 살아가다 보면 때때로 엄청나게 겁먹고 있던 일이 막상 부딪혀보니 별거 아니었던 경우가 있다. 어린 시절 흔들리는 유치를 뽑을 때 아빠가 이에 실을 걸고 준비됐냐고 물어볼 때까지는 눈물, 콧물 다 뺄 정도로 무섭지만, 막상 아빠의 손이 이마를 탁 치고 이가 빠져나가는 건 민망할 정도로 순식간이다. 소개팅 자리에 처음 보는 상대를 만날 때도 손발이 고장 난 듯 걷는 자세마저 망가져 버리지만, 다음 만남과 그다음 만남부터는 한껏 여유 있는 모습으로 상대를 대할 수 있다. 혹여나 이를 뽑을 때 생각보다 아팠거나 소개팅 첫 만남에 잘 안됐을지라도, 한 번 경험해본 이후에는 다

음에 비슷한 상황을 만났을 때 본능적으로 충격을 줄이는 준비를 하게 되기 때문에 경험해보기 전과는 확연히 낮아진 긴장도를 유지하게 된다.

이처럼 생각보다 별것 아닌 일을 겪고 나면 이후에 비슷한 상황에서는 두려움이 반감되거나 사라지게 된다. 말하기도 마찬가지다. 보통 말하기에 부담을 갖고 있거나 특정한 상황에서 말하기에 겁을 먹는 사람들은 겪어보지 못한 것에 대한 막연한 두려움 때문에 헤어 나오지 못하는 경우가 많다. 그럴 때는 눈 딱 감고 그 상황에 자신을 던져보길 바란다. 입사 면접, 상사와의 독대, 소개팅 자리, 발표 등의 상황에 한 번만 뛰어들어보면 의외로 겁먹었던 시간이 민망할 정도로 별일 아니었다는 게 느껴질 것이다. 두 번째, 세 번째에는 긴장은 점점 줄어들고 자신감을 되찾을 수 있게 된다. 이 과정이 중요한 이유는 단순히 직접 겪으면 별것 아닌 걸 알게 되기 때문만은 아니다. 막연한 두려움 때문에 말하기의 상황을 자꾸 피한다면, 출처를 알 수 없는 두려움은 점차 커지고 시간이 지날수록 더욱 첫발을 떼기가 어려워진다. 가능하면 최대한 빨리 절벽 앞에 서서 뛰어내려 보는 게 이 절벽이 고작 낮은 턱에 지나지 않았다는 사실을 깨닫는 지름길이다.

두 번째 방법은 플랜B를 만드는 것이다. 이 세상만사 어떤 상황에서도 항상 내 든든한 뒷배가 되어주는 전통적인 방법인 플랜B. 우리가 쫄아있는 이유는 준비가 부족해서가 아니다. 내 준비를 벗어나는 예상치 못한 상황이 주어졌을 때 대처하지 못할까 봐 겁이 나는 것이다. 평범한 대화에서의 이런 상황은 말할 때 언제든지 써먹을 수 있는 총알을 주머니 속에 잔뜩 준비해놓는 것으로 대부분 해결된다. 눈치 챘겠지만 앞선 2개의 챕터에서 이야기한 스몰토크가 바로 그 총알이다. 평범한 대화에서의 예상치 못한 상황이란 보통 할 말이 없어 정적이 흐르거나 관계의 어색함으로 공유할 이야기가 없을 때이다. 숨 막히는 그 상황에서 보통 사람이라면 횡설수설하거나 누군가 와서 상황을 타개해주길 기다리겠지만, 우리에게는 주머니 속에 든든하게 자리 잡고 있는 스몰토크가 있다. 앞서 언급한 일반적으로 통용되는 주제들을 던지며 이야기의 물꼬를 튼다면 대화에서의 부족함을 느끼지 못할 것이다.

특정한 말하기의 상황에서는 조금 다른 방향으로 플랜B를 준비해야 한다. 예를 들어 면접을 준비한다고 해보자. 보통은 최대한 많이 준비하고 공부해서 모든 질문에 완벽하게 대답하는 것을 목표로 준비할 것이다. 하지만 내가 면접관이 아닌 이상 모든 질문을 완벽하게 준비하는 일이란 있을 수 없다. 운이 좋아서 아는 질문만 나올 수 있겠지만, 면접이라는 중요한 상황을 운에 맡기는 건 어리석은 일이다. 이럴 때는 모르는 답변이 나왔을 때, 갑자기 생각이 나지 않을 때 등을 대비한 모범 답변을 몇 가지 만들어 놓는 것으로 플랜B를 준비하는 게 좋다. 이 답이 맞는지 확신이 서지 않을 땐, "제가 준비한 내용이 맞는지 몰라 정확히 답변드리긴 어렵지만, 혹시 관련된 비슷한 내용과 연결하여 답변드려도 괜찮을까요?" 정도의 말을 덧붙이면 답이 맞든 틀리든 부드럽게 넘길 수 있다. 또 아예 대답이 생각나지 않을 땐, "제가 미처 생각하지 못한 부분이라, 혹시나 기회가 된다면 답변드릴 수 있도록 준비해보겠습니다." 정도의 답변이라면 최소한 큰 점수는 잃지 않고 다른 질문에서 만회할 여지가 생긴다.

또, 특별한 모범 답변을 준비하는 것이 아니라, 컨셉을 잡는 것도 방법이 될 수 있다. 예를 들면 여자 친구의 부모님을 처음 뵙는 자리라고 해보자. 누구보다 잘 보여야 하고 처음 뵙는 어른이라는 데서 오는 부담이 큰데다가 익숙하지 않은 상황은 각종 두려운 변수를 상상하게 하기 충분하다. 이럴 땐 모범 답변을 준비하기보다는 컨셉을 잡고 거기에 맞춰 대화를 답을 준비하면 된다.

실제로 나는 처음 지금 아내의 부모님을 뵙던 날 '무조건 장모님 편'이라는 컨셉을 잡았다. 와이프에게서 얻은 정보에 의하면 장인어른은 말이 많이 없으시고 장모님에 대한 애정이 남다른 사랑둥이셨기 때문에, 어떤 곤란한 질문이 왔을 때 장모님을 우선순위에 두고 대답하면 최소한 점수를 잃지는 않겠다는 판단이었다. 두 분 다 워낙 좋은 분들이라 짓궂거나 당혹스러운 질문을 던지지는 않으셨지만, 그래도 딸 보내는 입장에서 걱정하는 말들을 하셨을 때는 "아버님도 어머님만 한 미인이랑 결혼하시느라 고생하셨을 텐데, 저도 열심히 해보겠습니다." 정도의 답변으로 넘어갔던 것 같다. 이처럼 특정 상황에서 발생할 수 있는 예상치 못한 상황에 대한 모범 답변을 플랜B로 준비해놓으면 대처하지 못하는 데서 오는 두려움을 지울 수 있을 것이다. 사실 플랜B의 구체적인 내용이나 방법, 수준 등은 크게 중요한 요소가 아니다. 이러한 요소에 너무 집중하다 보면 플랜B를 준비하는 것에도 부담을 느끼고 겁을 먹게 될 수 있기 때문이다. 플랜B의 핵심 역할은 플랜B가 내 뒤에 있다는 심리적 안정감이 가져다주는 자신감이다. 말하기 현장에서 당황한 나를 위해 준비된 또 다른 나를 준비시켜보길 바란다.

긴장은 우리를 참 억울하게 만든다. 나는 분명 100을 발휘할 준비가 됐는데 긴장했다는 이유만으로 100중에 50도 채 보여주지 못하게 되는 일이 너무 많다. 흔히 학창 시절에 긴장해서 시험을 망쳤다거나 운동선수들이 긴장으로 시합에서 제 기량을 발휘하지 못하는 경우도 같은 맥락이다. 하지만 우리가 수능 시험에서 긴장했다고 봐주거나 운동선수가 긴장을 다스리지 못하는 것을 참작의 요소로 받아들여 주지 않듯이, 말하기에 있어서도 긴장해서라는 변명은 아무런 도움이 되지 못한다. 그 시간에 긴장을 이겨내는 방법을 찾는 것이 훨씬 큰 도움이 될 것이다. 하지만 그렇다고 긴장하지 않아야 한다는 사실에 매몰될 필요는 없다. 계속해서 이야기하지만 우리는 전문가가 되려고 준비하는 사람들이 아니다. 매력적으로 말하기만 하면 된다는 점을 늘 기억하자. 말을 잘해야 한다는 강박을 버리고 그저 나의 말하기를 보여준다고 생각하면 긴장은 훨씬 줄어들 것이다. 당신에게 필요한 매력적인 말하기의 방법은 이 책에서 알려줄 것이다. 그 방법을 따라오다 보면 이미 충분히 매력적인 말하기를 하고 있을 테니, 자신의 말하기가 부족하다거나 모자란 모습을 보일 것 같은 두려움에서 이제는 빠져나오기를 바란다.

# 제4장
## 매력적으로 말하기

# 안녕하세요보다 10배 더 매력있는 인사

매력적으로 말하는 실전에 대해 이야기하는 첫 장에서 가장 먼저 이야기하고 싶은 것은 모든 말하기의 시작인 '안녕하세요.'이다. 여기서 말하는 안녕하세요라는 말은 인사말을 통칭하는 개념이 아니라, 진짜로 안녕하세요라는 워딩 자체를 이야기하는 것이다.

돌이켜보면 우리는 참 오랫동안 '안녕하세요.'를 말해왔다. 심지어 아직 옹알이도 잘하지 못하던 아기 때, 부모님이 우리를 안고 누군가를 마주칠 때마다 대신 안녕하세요라며 인사해주던 시절부터 말이다. 그만큼 안녕하세요라는 인사는 우리가 살면서 가장 많이 쓰고 또 입에 너무나도 자연스럽게 붙어있는 말 중 하나이다. 그렇다면 우리는 '안녕하세요.'를 얼마나 잘할까? 지금 휴대폰을 꺼내서 녹음 기능을 켜고 안녕하세요라고 말한 뒤에 들어보길 바란다. 아마 꽤 놀랄 수도 있다. "내가 이렇게 말을 못 했나?"하고 말이다. 살면서 몇 번이나 썼을지 가늠도 안 될 정도로 많이 쓴 말인데, 막상 각 잡고 해보려고 하니까 이렇게 어색할 수가 없다. 어떤 사람은 국어책을 읽는 듯 억양이 딱딱할 것이고, 어떤 사람은 '안녀하세오.' 정도의 흘리는 발음이 들릴 것이고, 또 어떤 사람은 사투리가 섞여 나오기도 할 것이다. 이쯤 되면 우리는 인정해야 한다. 우리는 '안녕하세요.'를 잘 못한다.

그렇다면 우리는 말하기의 기본 중의 기본인 안녕하세요라는 말을 왜 못하게 됐을까? 그 원인은 우리가 살아온 세월 속에 숨어있다. 초등학교 저학년 때까진 배꼽 인사와 함께 항상 또박또박하게 안녕하세요라고 외치고 다녔지만 고학년이 되고 중학생이 될 때쯤엔 발음이 반쯤 날아간 알아들을 수 없는 말로 점차 바뀌어간다. 그렇게 부정확한 발음의 안녕하세요가 점차 고착화되어가고 나도 모르는 사이에 그 발음과 억양이 입에 붙어버리게 된다. 많게는 하루에도 수십 번씩 몇 십 년을 그런 식으로 던져온 인사말이기에 각잡고 해보려고 해도 무언가 어색하게 느껴지는 것이다. 그래서 안녕하세요라는 말을 내가 원하는 느낌으로 내뱉는 건 당장에 완벽히 해낼 순 없다.

그런데 우리는 어제도, 오늘도 그리고 앞으로도 쭉 누군가를 만났을 때, 이 인사말을 건네야 한다. 모든 대화와 만남, 관계의 시작인 이 말이 얼마나 중요한지는 말할 것도 없다. 실제로 방송사 쇼호스트 공채에서는 자기소개나 상품 PT를 직접 영상으로 촬영해서 보내는 것이 서류전형에 포함되는데, 이때 지원자들의 영상을 보고 평가하는 담당자들은 초반 인사말만 들어도 실력을 판가름할 수 있다고 말하곤 한다. 가장 간단하지만, 그 안에 그 사람의 인생과 말하기의 역사가 전부가 축약되어 있기 때문이다.

일상 속에서도 처음 만나는 사람과 인사할 때, 그 사람의 외적인 모습이 아무리 깔끔하고 멋있어도 처음 건네는 인사말에 품격과 예의가 없이 소위 저렴한 티가 난다면 그 이미지는 한 번에 박살나게 된다. 만약 반대로 그런 인사를 건네는 사람이 나라면 정말 끔찍하지 않겠는가? 그런데 더욱 안타까운 사실은 많은 사람들이 자신의 인사말이 어떤 모습인지 잘 알지 못한다. 아니, 알려고 하지도 않는다. 왜냐하면, 큰 문제 없이 오랜 시간 편하게 인사해왔고 적어도 나는 내가 불편해하는 저 사람처럼 인사하지는 않을 거라는 근거 없는 확신이 있었기 때문일 것이다.

물론 앞서 이야기했듯이 상대방에게 즉각적인 불편함을 불러일으킬 정도로 부족한 모습의 인사를 건네는 사람은 그리 많지 않다. 대부분의 사람들이 그저 예의에 어긋나지 않을 정도로만 신경을 쓰긴 한다. 하지만 분명한 사실은 인사말에 신경을 쓰고 제대로 된 인사말을 건네기 위해 준비한 사람은 많지 않다는 것이다. 다시 말해 그저 평범하고 편안하게 인사하는 사람들 사이에서 인사말을 조금만 신경 쓴다면, 곧바로 눈에 띄게 되고 손쉽게 내 말에 매력을 담을 수 있다는 것이다. 단 10글자가 채 되지 않는 문장을 바꿈으로써 내 매력을 올릴 수 있다면 이보다 남는 장사가 없다. 가까운 친구 사이라면 모를까 앞으로 만나야 할 거래처 사장님, 입사 면접, 소개팅 자리, 처가댁이나 시댁 가족 어른들을 만나 인사를 건네야 하는 상황이라면, 앞서 직접 내뱉고 녹음해서 들어본 형편없는 나의 '안녕하세요.'가 이제는 쉽사리 나오지 않을 것이다. 그래서 우리는 '안녕하세요.'를 발전시킬 방법을, 그리고 이 인사말을 대체하여 더 나은 인사를 말하는 방법과 효과를 알고 연습해야 한다. 이 방법은 굳이 편하게 지내는 가족이나 친한 친구들 사이에서의 적용이 아니다. 직장 상사, 면접관, 어른들, 소개팅 등 나를 더 나은 사람으로 보이면 좋을 모든 사람에게 적용해보는 것을 추천한다.

먼저 직장 상사를 비롯하여 업무적으로 엮여 일정 수준 이상의 예의를 갖춰야 하는 상대일 때의 인사로 '반갑습니다.'를 첫인사로 적용하는 것이다. 이때는 평소보다 조금 더 격식 있고 다소 무게감이 느껴지는 억양이 필요하기 때문에 '안녕하세요.'를 버리고 '반갑습니다.'로 바꿔 인사를 전하면 좋다. 일단 발음의 구조상 안녕하세요라는 문장은 울림소리 비음인 'ㅇ'이 많이 들어가 다소 가벼운 느낌인 반면, 반갑습니다라는 문장은 두 입술이 닿는 파열음인 'ㅂ'발음이 많아서 발음이 더 딱딱한 느낌이다. 실제로 발음해보면 부드럽게 이어지는 안녕하세요와 달리 반갑습니다는 신경 써서 발음하지 않으면 말이 뭉개지는 느낌을 받을 것이다. 이 점이 반갑습니다라는 인사말의 강점이다. 신경 써서 말하지 않으면 발음이 뭉개지기 때문에 말을 뱉을 때 자연스럽게 더 신경 써서 발음하게 된다. 그 과정에서 억양이나 목소리도 자연스럽게 가다듬은 상태로 나오기 때문에 훨씬 격식 있는 인사말이 나오게 된다.

또 하나의 장점은 이 말을 기본적인 인사말로 쓰는 사람이 많지 않다는 것이다. 분야에 따라 다르긴 하겠지만, 최소한 나는 직장생활을 할 때부터 프리랜서로 수많은 분야의 사람을 만나는 지금까지 '반갑습니다.'라는 인사말을 건네는 사람을 많이 보지 못했다. 평범하게 건네는 인사말에서 제대로 발음하여 전하는 반갑습니다는 상대방에게 나를 한 번 더 각인시킬 수 있는 도구로도 작용한다. 사실 연령대가 높아질수록 안녕하십니까, 안녕하세요 등의 인사보다 반갑습니다라고 인사하는 비율이 높아지기는 한다. 그래서 반갑습니다는 아직 어린 티를 채 벗지 못한 사회 초년생이 사용했을 때, 그 이점이 더욱 빛을 발한다고 할 수 있다. 처음에는 어색할 수 있으나 몇 번만 실제로 사용해보면 금세 입에 붙기 때문에 '반갑습니다.'의 작은 힘을 직접 느껴보길 바란다.

두 번째로 너스레를 뺀 인사를 건네는 것이다. 많은 사람들이 인사말을 건넬 때 특정한 추임새를 습관처럼 집어넣는 경우가 많다. 예를 들면, "어유~ 안녕하세요.", "아이 반갑습니다.", "아이고~ 안녕하십니까," 등의 모습이다. 이러한 추임새를 넣는 이유는 첫 만남이 어색하거나 가볍지 않은 관계가 불편해서 자연스럽게 분위기를 풀려는 목적으로 들어가는 경우가 많다. 앞서 이야기했지만, 친하거나 자주 만나는 관계라면 어떤 식으로 인사말을 건네든 큰 상관이 없다. 하지만 내가 잘 보여야 하거나 잘 보이고 싶은 상대방이라면 이러한 추임새는 빼는 것을 추천한다. 왜냐하면 너스레를 뺀 인사는 실패할 일이 없는데, 너스레를 넣는 인사는 실패하는 경우의 수가 많기 때문이다. 관계의 정도를 막론하고 어느 자리에서건 정직하게 건네는 인사는 어디에서도 부정적으로 받아들여질 여지가 없다. 하지만, 너스레를 넣은 인사가 습관이 되어버리면 그런 식의 인사가 실례가 되는 관계에서도 나도 모르게 튀어나와 버리는 경우가 생기게 된다.

실제로 불과 몇 년 전까지만 해도 나는 이처럼 넉살 좋은 인사가 부드러운 이미지를 심어주고 분위기를 자연스럽게 풀 수 있다는 생각에 한동안 그런 식으로 인사를 건네며 다닌 적이 있다. 그러다 처음 뵙는 처가댁 어르신을 뵙는 자리에서 나도 모르게 "아유, 처음 뵙겠습니다."라는 추임새가 섞여서 나왔다. 물론 그 부분을 가지고 문제 삼거나 하지는 않으셨지만, 내 스스로가 너무 버릇없고 예의 없게 느껴져서 굉장히 자괴감이 많이 들었다.

이처럼 사람 좋은 모습이라 느껴지는 너스레가 때로는 들어가지 않아야 하는 자리가 상당히 많다. 그런데 많은 상황에서 너스레를 섞어 인사를 하는 모습이 인사성도 밝고 친화력이 높은 사람으로 비춰지기 때문에 이렇게 인사하는 모습에 빠져들기가 쉽다. 하지만 인사말이 아니어도 충분히 쌓을 수 있는 그러한 이미지를 굳이 위험부담이 있는 인사말에 자주 넣으면서 습관이 되는 위험부담까지 않을 필요는 없다고 생각한다.

또 하나 너스레를 뺀 인사를 해야 하는 이유는 어떤 관계나 상황이든 인사말은 정석으로 무게감을 주는 것이 좋기 때문이다. 인사말은 그 사람의 첫인상을 보여준다. 앞에서도 이야기했지만, 사람의 뇌는 계속된 정보가 들어오면 나중에는 처음에 인식한 정보를 가장 중요하게 기억하는 경향이 있다. 그래서 이후에 나의 모습이 약간 가볍게 보인다할지라도 정석적으로 건넨 첫 인사가 그러한 모습을 상쇄시키게 된다. 넉살 좋은 사람으로 보이는 게 나쁘다는 것이 아니다. 다만, 첫 인사에서 정직하고 무게감 있는 모습을 심어놓으면 이후에는 그 이미지를 각인시키기 위해서 크게 노력할 필요가 없기 때문에 이 방법이 가장 효과적이라는 뜻이다. 처음에 약간 얼어있는 분위기를 넉살 좋은 인사로 풀어보고자 하는 목적은 첫 인사말이 아니어도 이후의 대화에서 많은 기회가 있으니 그때부터 시도해도 충분하다.

이처럼 안녕하세요로 대표되는 인사말은 우리에겐 마치 숨 쉬는 것만큼 자연스러운 일이다. 하지만 인사말이 결정짓는 첫인상의 무게는 그리 가볍지 않다. 무심코 건네는 인사말 한마디에 그 사람의 첫인상이 결정되는 경우도 상당히 많다. 우리의 최종 목표는 매력적으로 말하는 사람이 되는 것이다. 그래서 우리는 이제 안녕하세요라는 인사말을 버려야 한다. 수십 년간 입 밖으로 뱉으며 고착돼버린 낡은 인사를 버리고 이제는 첫인사 하나로 깔끔한 이미지를 심어줄 수 있는 나의 인사를 준비하자. 시작이 반이라는 사실은 매력적으로 인사할 준비가 된 우리에게 무엇보다 강력한 경쟁력이 될 것이다.

# 사람들은 100%가 아니라 50%를 좋아한다

우리 주변에는 종종 '털어도 먼지 한 톨 안 나올 것 같은.', '찔러도 피한 방울 안 나올 것 같은.'이라는 수식어가 붙는 사람들이 있다. 그만큼 뭘 하든 완벽하게 해내며, 삶의 반경 전반에 부족한 부분이 눈에 띄지 않는 부류의 사람들이다. 그들과 같이 일할 때는 그렇게 든든할 수가 없고 함께하다 보면 배울 점도 정말 많다. 그런데 그런 사람들도 인간적인 모습을 살펴보면 두 부류로 나뉜다.

먼저는 가지고 있는 모습 그대로 모든 부분에서 완벽함을 추구하며, 말과 행동 하나까지 빈틈을 허락하지 않는 부류이다. 본인이 잘 알고 있는 건 꼭 가르치려 들고 완벽한 모습에 방해가 된다면 관계고 뭐고 그것부터 바로잡고 보는 스타일이다. 사람 자체로는 완벽할지 몰라도 인간적인 매력과는 거리가 먼 모습이다. 반면에 본인이 추구하는 완벽의 가치와는 별개로 관계에 있어서는 융통성을 발휘하는 부류가 있다. 잘 아는 부분도 적당히 상대방의 수준에 맞춰 대화하고 내 가치를 강요하기보단 관계나 대화 자체를 우선순위에 두고 자신의 가치를 타인에 맞춰 타협하곤 한다. 당연하게도 우리는 이러한 부류의 사람들에게 훨씬 큰 매력을 느낀다. 왜냐하면 사람들은 대부분 내가 비집고 들어갈 빈틈이 있는 사람에게 끌리기 때문이다. 그 빈틈에는 궁금증, 호기심, 공감 등의 관계에 있어서 긍정적인 요소들이 내재되어 있는데, 우리는 이러한 요소들로 대화를 하고 관계의 발전을 이룬다. 100%가 아닌 50%를 보여줘야 훨씬 더 원활한 소통을 이어갈 수 있다는 것이다. 이러한 개념을 말하기에 적용시킨다면, 훨씬 더 매력적으로 상대방에게 매력적인 말하기를 어필할 수 있다.

첫 번째 방법은, 나는 100을 알고 있고 상대방은 50정도만 알고 있는 대화 주제를 상대방이 먼저 꺼낸다면, 나는 그때부터 50언저리 정도만 알고 있는 것으로 스스로를 설정하는 방법이다. 상대방과 대화할 때는 모든 걸 다 내어놓는다는 생각을 버려야 한다. 상대방이 꺼낸 대화 주제가 내가 정말 잘 알고 많이 공부한 분야라고 해도, 일단은 상대방이 꺼낸 주제이기 때문에 상대방이 더 많이 발언할 수 있도록 해주는 것이다. 나를 상대방과 비슷하게 혹은 아주 조금 더 알고 있는 수준으로 설정하고 대화의 흐름을 맞춰주면 훨씬 더 좋다. 내가 잘 아는 주제가 나왔다고 내가 아는 지식과 정보를 쏟아내며 신나게 떠드는 것만큼 상대방과의 대화를 망치는 것도 없다.

예를 들어 내가 정말 좋아해서 대사까지 외울 정도로 많이 본 영화가 있는데, 상대방이 마침 최근에 그 영화를 재밌게 봤다며 얘기를 꺼냈다면, 재밌게 느낀 감정과 인상 깊었던 장면 등 서로 공감할 수 있는 요소 정도만 나누는 게 좋다. 만약 거기다가 그 장면에 담긴 숨은 의미, 알려지지 않은 감독의 반전 의도, 결말의 재해석까지 깊게 들어간다면, 상대방은 뻘쭘해지고 좋았던 대화는 거기서 끝나는 것이다. 이 방법은 일상의 대화에서 비교적 가벼운 주제를 다룰 때 적용시킬 수 있는 방법이다. 특별히 조언을 구하거나 정보를 얻길 원하는 대화가 아니라면, 상대방의 수준에 나를 맞춰주며 말하는 게 내 머릿속의 100%를 다 꺼내놓는 것 보다 훨씬 매력적으로 보일 수 있다.

이 방법을 사용할 때, 주의할 점이 있는데, 아예 모르는 척을 하면 설명하는 상대방을 더 으쓱하게 할 수 있을 것 같은 생각에 50이 아닌 10 이하로 알고 있다는 식으로 접근하는 것이다. 이렇게 되면 나도 모르게 10 이상의 정보가 튀어나왔을 때 상대방이 나의 의도를 알아차리고 불쾌할 가능성이 있다. 모르는 걸 아는척하는 것도 어렵지만 아는 걸 모르는 척하는 것도 그만큼 어렵다는 것을 생각하고 적당한 수준을 잘 조절해야 한다.

둘째로 두 가지 이상의 역할이 충돌하는 상황에서는 상대방이 요구하는 모습은 충족시키되, 표현 방법을 조금 가볍게 낮추는 것이다. 이 방법은 단박에 이해하기 조금 애매한 개념일 수 있는데, 실제 사례를 보면 조금 더 쉽게 이해할 수 있다.

첫 직장생활을 시작한 회사의 실무 면접 때의 일이다. 아무래도 기독교재단 학교를 나오다 보니 종교 활동 관련한 질문을 면접 때마다 받아오던 참이었다. 특히 첫 회사는 제약회사라 일요일을 포함한 주말에도 근무해야 하는 경우가 빈번했는데, 그 부분을 어떻게 대처할 것인지에 대해서 질문을 많이 받았다. 특히 면접관 중 한 분이 본인도 종교 활동을 열심히 하는 편이라 신입사원의 대답이 궁금하다며, 일요일에 중요한 업무가 생기면 어떻게 대처할 것인지에 대해 물었다. 아직 사회생활을 해보기 전이라 이 질문이 명확한 종교적 신념을 확인하려는 것인지, 융통성 있는 모습을 확인하려는 것인지 판단이 서질 않았다. 다른 분이 질문했다면 당연히 회사의 업무가 중요하다는 접근을 했을 텐데, 해당 면접관이 본인의 이야기까지 덧붙여 했기 때문에 종교적인 신념을 아무렇지 않게 놔버리는 답변도 그리 매력적으로 보일 것 같지가 않았다. 그때 스친 생각이 양쪽의 가치를 50%씩 양보하면 되겠다는 것이었다. 내 답변은 "새벽예배 마치고 바로 출발하겠습니다."였다. 일요일 본 예배를 꼭 지켜야 한다는 신념에서도 반 정도 내려오고, 일에만 온전히 집중해야 한다는 열정에서도 반 정도 내려온 답변이었다. 반응은 상당히 인상적이었다. 이후에 진행된 최종 면접에서 대표님도 언급할 정도였으니 말이다. 그 답변 때문만은 아니었지만 결국 그 회사에 최종 합격까지 할 수 있었다. 입사 후에 알게 된 사실이지만 그 질문을 했던 팀장님은 지금껏 기독교 관련 이슈가 있는 지원자에게 모두 같은 질문을 했는데 이런 답변은 처음이었다며 본인이 적극 추천했다고 한다.

현대사회를 살아가는 사람이라면 누구나 2가지 이상의 사회적인 역할을 가지고 있다. 누군가의 남편이자 아들이기도 하고, 친구이자 스승이기도 하다. 그러한 역할들이 피치 못하게 충돌하게 되면, 한쪽으로 치우치지 말고 반 정도씩 부족한 상태를 만들어 적절히 섞는 것이다. 예를 들어 시어머니의 잦은 방문으로 스트레스를 받고 있는 아내가 있다고 하자. 이때 아내의 기분을 맞춰준답시고 "앞으로 어머니를 집에 못 오시게 하겠다."라고 말하는 게 옳을까? 오히려 현실적이지 못한 눈치 없는 남편이 될 것이다. 그렇다고 "어머니가 우리 아끼셔서 그래. 좋으신 대로 두자."라고 하는 건, 위로도 해결도 없는 파국으로 가는 길이다. 일단 남편으로서 아내의 고민을 덜어주면서도 시어머니와의 관계에 영향을 줄 만한 부담스러운 역할 행동의 말은 아니어야 한다. 동시에 시어머니의 아들로서의 역할을 이야기하되, 아내가 서운할 정도로 너무 많이 넘어가서도 안 된다. 적절한 수준은 "우리 일주일에 세 번은 집에 없는 척하자." 정도면 된다. 어머니의 방문을 아예 막는 건 아내 입장에서도 부담스러우니 일주일에 반 정도는 받아주자는 아들로서의 적절한 타협안이 들어가 있고, 없는 척하자는 방법을 이야기함으로써 아내와 함께하겠다는 남편으로서의 역할도 어느 정도 지켜낸 답변이다. 상황에 따라 다르겠지만, 두 역할에 최대한 충실하게 반응하는 것을 기준으로 반씩만 낮춰 섞으면 어려울 것 없다. 이처럼 역할의 충돌은 각 역할의 기대치를 낮춰서 적절히 섞음으로써 상대방에게 균형을 제공해주는 것이 좋다.

마지막으로 내 자랑의 50%를 상대방의 말로 채우는 방법이다. 대부분의 사람들은 남의 이야기를 들을 때 그렇게 집중력이 높지 않다. 보통은 처음에만 잠깐 집중하고 관심 없는 이야기일수록 집중력이 떨어진다. 그런데 그중에서도 가장 빠른 집중력의 소진을 보이는 주제가 바로 남의 자랑 이야기를 들을 때이다. 남의 자랑은 아무리 잘나고 대단한 일이어도 조금만 길어지면 금세 질투나 무관심으로 이어지는 경우가 많다. 그래서 매력 있는 말하기에서 가장 경계해야 하는 부분도 내 자랑을 할 때다. 남이 이야기를 꺼내주는 경우가 가장 좋고, 내가 이야기를 꺼내게 된다면 최대한 짧게 치고 빠지는 것이 좋다. 그런데 여기서 한 단계만 더 추가하면 훨씬 더 매력적으로 내 자랑을 이어갈 수 있다. 바로 내 자랑의 내용과 비슷한 내용의 소스를 가진 사람에게 포커스를 넘기는 것이다.

예를 들어 얼마 전에 내가 주식으로 꽤 큰 돈을 벌어 자랑하게 되는 상황이라고 해보자. 한 친구가 먼저 그 이야기를 언급해주면 나는 적당히 간결하게 내용을 이야기하고, 자리에 있던 친구들 중 최근에 승진한 친구를 말하며 포커스를 옮기는 것이다. 그렇게 하면 내 자랑이 조금 길어졌더라도 나는 다른 사람의 자랑을 들춰준 포지션을 잡을 수 있기 때문에 비호감을 살 일이 없게 된다. 게다가 아직 다 풀어내지 못한 내용은 내 자랑의 나머지 이야기가 궁금했던 다른 친구가 승진한 친구의 이야기가 마무리될 때쯤 다시 한번 내게 포커스를 돌려줄 수 있기 때문에, 친구들의 리셋된 집중력으로 또 한 번 이야기를 풀어낼 수 있다. 여기서 주의해야 할 점은 내 자랑의 포커스를 다른 사람에게로 옮길 때, 그 사람의 자랑이 내 자랑의 내용과 비슷한 분야라면 지양하는 게 좋다. 완벽히 똑같은 성과가 아닌 이상 내가 포커스를 넘기는 모습이 자칫하면 건방지게 느껴질 수 있기 때문이다. 자랑의 포커스를 넘길 때는 분야가 아예 달라 순수한 의도로 치켜세워 줄 수 있는 분야일 때가 좋다. 이렇듯 내 자랑을 반 이하로 이야기했을 때, 나머지를 다른 사람의 자랑으로 채운다면 소위 재수 없지 않은 모습으로 매력적으로 말할 수 있다.

한국인은 늘 겸손을 미덕으로 여긴다. 그래서 지나치게 본인의 이야기를 쏟아내는 것 역시 겸손하지 않은 경우로 여길 때가 많다. 그래서 어떤 종류의 이야기든 처음부터 전부를 쏟아내는 건 자칫 잘못하면 호감과 관심을 잃어버리게 될 수 있다. 어디서 무슨 말을 하던지 항상 말의 양을 줄이고 제공할 정보의 반만 내놓는다는 생각으로 대화에 임하는 게 매력적으로 말하기 위해 유리한 포지션을 갖게 해준다. 사실 나처럼 말하기 좋아하는 사람이라면 이러한 과정이 처음에는 답답하게 느껴질 것이다. 하지만 초반 잠깐의 답답함만 견뎌내면 금세 익숙해지고 별것 아닌 노력을 들인 것 치고는 사람들에게 상당히 매력적인 모습을 어필할 수 있다는 큰 장점이 있으니, 이 부분을 꼭 기억하고 말하기에 적용해보길 바란다.

# 스누핑의 업그레이드, 타임 스누핑

앞선 제3장의 가장 중요한 핵심인 스누핑에 대한 이야기를 이어 나가 보자. 언급했듯이 스누핑은 말하기를 넘어 관계에 있어서 필살기라고 해도 될 정도로 큰 효과를 보여준다. 아마 스누핑을 연습해서 직접 사용해본 사람은 한결 수월해진 말하기를 몸으로 느꼈을 것이다. 사실 스누핑은 그 자체로 활용 범위가 넓고 응용할 수 있는 방법이 무궁무진해서 이후에 스누핑만을 주제로 한 내용을 따로 집필할 계획을 가지고 있다. 하지만 그 전에 이 책에서 스누핑을 활용한 수많은 기술 중 가장 효용성이 높은 방법을 하나 소개하려고 하는데, 그게 바로 이번 챕터의 주제인 '타임 스누핑'이다.

개념은 간단하다. 스누핑이 상대방을 둘러싼 물리적인 요소들을 빠르게 파악하여 대화 주제 및 관심 요소를 뽑아내는 거라면, 타임 스누핑은 시간의 흐름에 따라 변화하는 요소들의 포인트를 잡아내는 것이다. 쉽게 말해서 어느 날 여자 친구가 "나 오늘 달라진 거 없어?"라고 물어봤을 때 어제와 오늘 사이의 시간 동안 바뀐 요소가 무엇인지 알아차리는 것이다. 다만 차이가 있다면 여자 친구가 물어보기 전에 먼저 알아차리고 이야기를 꺼내야 한다는 점이다. 얼핏 보면 눈썰미가 좋은 것과 차이가 없어 보이지만, 말을 꺼내는 타이밍이나 상황별 중요성 등 구체적으로 생각해야 할 부분이 훨씬 많다. 단순히 눈썰미가 좋은 사람은 많지만, 눈썰미가 좋다고 모두가 매력적으로 말하는 건 아니다.

예컨대, 오늘 유독 아이라인이 살짝 잘못 그려진 것 같아 신경 쓰고 있던 직장 동료에게 어제랑 좀 다른 것 같다며 고치는 게 좋다고 이야기해주면 그저 눈치 없는 비호감이 돼버리는 것이다. 타임 스누핑이 매력적인 말하기에서 엄청난 효과를 발휘하는 이유는 타임 스누핑의 전제가 관심이기 때문이다. 타임 스누핑으로 대화를 시도하는 것 자체만으로 상대방은 나의 관심을 느낄 수 있고 적절한 관심은 곧 호감으로 이어지기 때문이다. 그런데 우리는 인간관계 말고도 해야 할 일이 너무 많기 때문에 한 사람 한 사람 다 관심을 갖고 파악할 수가 없다. 그 사람의 변화를 알아차리고 그것에 대해 이야기하며 대화를 트고 관계를 이어 나가는 게 좋은 방법인 건 알겠는데, 하루 종일 그것만 들여다보고 있을 수는 없는 노릇 아닌가? 그래서 이번 챕터에서는 쉽고 간결하게 타임 스누핑으로 대화하는 방법에 대해서 알아보고자 한다.

먼저 타임 스누핑이 진행되는 시스템에 대해 이해해야 한다. 일단 지난번의 만남과 이번 만남에 상대방의 바뀐 부분을 찾아내야 하는데, 여기서 바뀐 부분이라는 것은 변하지 않는 루틴 내에서 바뀌었다는 걸 의미한다. 어제 입은 옷과 오늘 입은 옷이 바뀌는 것처럼 매일같이 당연히 바뀌는 것에 대해서 파악하는 것이 아니라, 머리색의 변화나 휴대폰 케이스의 교체 같은 변화 주기가 긴 부분을 파악해야 한다. 또한 말하는 타이밍도 중요한데, 보통은 만남 초기에 이야기하는 것이 좋다. 오랜만에 만난 사람과 밥 먹고 커피 마시고 집에 돌아가는 길에 "어? 이거 바뀌었네?"라고 말하는 건 큰 임팩트를 주지 못할뿐더러 상대방을 의아하게 만든다. 비교적 만난 지 얼마 안 됐을 때, 혹은 그 변화한 부분을 처음 꺼내놨을 때 이야기하는 게 가장 효과적이다. 특히 타임 스누핑은 관심을 드러내는 직관적인 방법이기 때문에 가볍게 다가가지 않으면 자칫 부담으로 느껴질 수 있다. 그래서 만남 초기에 가볍게 툭 던지는 게 이러한 부분들을 모두 해결할 수 있는 방법이다. 같은 맥락으로 집어주는 포인트는 딱 하나, 많아야 2개까지만 이야기하는 게 좋다. 그 이상은 상대방에게 부담을 줄 수 있고 그 부담은 고스란히 나와의 거리감으로 연결되기 때문이다.

그리고 마지막으로 내가 상대방의 여러 가지 변화를 파악했다면 그

중에서 상대방이 가장 신경 썼을 것 같은 부분을 던져주는 게 좋다. 예를 들어 지난주에 만났던 평소 마음에 두고 있는 친구가 오늘은 손톱 네일아트를 새로 했고 평소 묶고 다니던 머리를 풀었고 자주 하던 반지를 안 하고 왔다면, 네일아트를 선택하는 게 좋다. 네일아트는 돈과 시간을 들여 바꾼 변화이기 때문에 다른 부분보다 알아줬을 때 만족감이 더 크다. 여기서 한 발짝만 더 나가면, 만약 상대방의 변화들이 신경 쓴 수준의 차이가 크게 없는 비슷한 수준이라면, 더 알아차리기 어려운 사소한 부분을 선택하는 게 좋다.

핵심은 '더 신경 쓴 변화일수록, 더 작은 부분일수록' 타임 스누핑을 했을 때 상대방에게 더욱 효과적으로 적용될 것이다. 그러면 타임스누핑이 아직 익숙하지 않은 독자들을 위해서 타임스누핑 할 수 있는 대표적인 포인트들에 대해서 살펴보도록 하자. 지금부터 이야기할 내용들을 가지고 실제 상대방과의 만남에 적용시켜 몇 번 연습해본다면 지금부터 이야기할 대표적인 부분들 외의 다른 요소들도 손쉽게 찾아낼 수 있을 것이다.

먼저 여성에게 타임스누핑을 할 때는 우선순위별로 머리, 손, 얼굴만 확인해도 충분하다. 남성에 비해 변화의 요소가 다양하고 액세서리 착용도 많아서 처음엔 이 세 부분만 확인하기에도 벅찰 수 있다. 머리카락은 가장 눈에 잘 보이는 전체 길이의 큰 변화나 염색의 유무가 있고 디테일하게는 앞머리를 조금 잘랐는지, 가르마 방향을 바꿨는지, 머리

끈에 신경을 썼는지 정도가 있다. 헤어의 변화는 가장 가볍게 접근할 수 있고 아직 가깝지 않은 사이라도 타임스누핑을 했을 때 상대방이 느끼는 부담이 비교적 적다. 앞머리 길이나 가르마 방향 같은 작은 부분을 어떻게 알아차리냐고 생각할 수 있겠지만, 우리가 그동안 인식하지 않아서 보이지 않았을 뿐이지 한 번 머릿속에 들어오면 꽤 눈에 쉽게 띄는 걸 확인할 수 있을 것이다.

손은 대표적으로 네일아트가 있다. 앞서 잠깐 이야기했지만, 여성들에게 네일아트의 변화를 집어주는 건 상당히 큰 플러스 요인으로 작용한다. 네일아트는 시간과 돈을 들여 바꾼 부분인데 의외로 신경 쓰지 않으면 잘 보이지 않을 수 있기 때문에 누군가 알아줬을 때 상당히 뿌듯함을 느낀다. 네일아트를 꾸준히 하는 여성은 보통 길게는 한 달, 짧게는 일주일에 한 번씩도 바꾸기 때문에 한 번 보이기 시작하면 변화 여부를 쉽게 파악할 수 있을 것이다. 네일아트 외에도 여성들이 자주 착용하는 반지나 팔찌도 꽤 자주 바뀌는데, 똑같아 보이는 실반지도 의외로 종류를 다양하게 두고 바꿔 착용하는 경우가 많기 때문에 살펴보면 좋다. 최근에는 스마트워치의 스트랩을 다양하게 구비해놓고 자주 바꿔 착용하는 경우도 많으니 비슷한 맥락으로 확인해보길 바란다.

마지막으로 얼굴은 '쉽지만 조심스럽게.'라고 말하고 싶은 부분이다. 보통 남성들은 여성의 메이크업의 변화를 알아차리기 힘들다. 그런데 놀랍게도 대충 찍어도 맞을 확률이 꽤 높다. 예를 들면, 아무리 찾아도 타임스누핑 할 요소가 보이지 않으면 "입술 색깔 바꿨어?", "눈화장 좀 다르게 했네?"를 던지면 거의 맞는 경우가 많다. 왜냐하면 방금 언급한 두 부분은 굉장히 자주 바뀌고, 조금씩이라도 매일 신경 쓰는 정도가 다르기 때문이다. 이외에도 눈썹 모양이나 색깔, 볼 터치, 속눈썹 등의 부분도 상당히 자주 바뀌기 때문에 타임스누핑 요소로서는 더할 나위 없이 간편하다. 하지만 쉽다고 해서 마구 접근하면 안 된다. 메이크업의 변화 요소는 상당히 개인적이고 작은 부분이기 때문에 상대방이 알아차렸을 때 부담을 느끼기가 쉽고 메이크업이 완벽하게 잘됐다고 느끼는 날이 생각보다 많지 않기 때문에 본인을 주의 깊게 봤다는 부끄러움으로 오히려 멀어질 수 있기 때문이다.

어쨌든 이 정도만 기억하고 있어도 여성에게 처음 타임스누핑을 할 때 어려움은 없을 것이다. 다만, 앞서 이야기했듯이 가깝지 않은 사이일수록 머리, 손, 얼굴의 순으로 접근해야 부담을 느끼게 하는 위험을 줄일 수 있다는 것을 명심해야 한다.

남성은 여성에 비해 변화의 요소가 상대적으로 적기 때문에 타임스누핑을 하기가 더 어렵다. 개인마다 차이를 둘만한 요소도 많이 없고 대표적으로 파악할 수 있는 부분도 한정적이기 때문에 조금 다르게 접근한다. 나는 대표적인 타임스누핑 요소를 언급만 하고 내용은 상대방이 말하도록 하는 것이다. 대표적인 요소는 살, 근육, 신발이다.

먼저, 살 빠졌는지에 대해 묻는 것이다. 실제로 보기에 살이 빠져있으면 더욱 좋겠지만, 딱히 살이 찌지도 빠지지도 않은 걸로 보여도 상관없다. "너 살 빠졌어?"라고 질문을 던졌을 때 실제로 살이 빠졌다는 답변이면 그 부분을 칭찬하며 대화를 이어가면 되고, 그대로라거나 오히려 좀 쪘다는 답변이 나오면 "아닌데 분명히 빠졌는데, 얼굴이 좋아져서 그런가?" 정도의 너스레로 넘어가면 된다. 실제로 살이 빠졌는지의 여부와 상관없이 이 말을 들은 상대방은 어쨌든 살이 빠져 보인다는 이야기에 긍정적인 감정을 갖게 된다. 남성들은 살이 찌고 빠지는 것에 대해 상대적으로 덜 민감하기 때문에 적극적으로 활용해도 큰 무리가 없다.

비슷한 맥락으로 "요즘 운동해?" 정도의 몸이 좋아진 부분도 활용할 수 있다. 마찬가지로 상대방이 실제로 몸이 좋아진 부분이 느껴지지 않는다고 해도 이러한 멘트를 던지는 것 자체에 위험 요소는 없다. 특히 요즘 어떤 종류가 됐든 운동을 하고 있는 걸 아는 사람이라면 이 근육에 대한 타임스누핑은 늘 좋은 결과를 보일 것이다.

마지막으로 신발은 실제로 새로 샀는지, 처음 신었는지의 여부와 상관없이 그날 상대방의 신발의 상태가 세탁을 한 듯 깨끗하거나 고가의 신발이라면 "신발 샀어?" 정도의 질문을 던져주면 좋다. 사실 신발은 자주 사는 아이템이 아니기 때문에 실제로 신발을 새로 산 경우는 많지 않겠지만, "아니, 있던 건데?", "저번에도 신었는데?" 정도의 반응이 나와도 그런데 왜 이렇게 깨끗하냐고 묻거나 이거 비싼 거 아니냐며 언제

샀냐는 정도의 물음으로 대화의 물꼬를 틀 수 있다. 이 부분의 핵심은 바뀌었는지의 여부보다는 상대방이 신경 쓴 부분을 짚어줌으로써 본인의 이야기를 시작하고 대화를 틀 수 있다는 데 있다.

이렇듯 상대에 따라 대표적인 타임스누핑 요소들을 적용해서 활용해보면 생각보다 어렵지 않은 과정이라는 것을 느낄 수 있다. 평소에 인식하지 못해서 보이지 않았던 것들이 단지 머릿속에 넣어두는 것만으로도 눈에 보이게 될 것이다. 하지만 이러한 타임스누핑을 사용하기 위해서는 전제를 꼭 기억하고 있어야 한다. 아무 때나, 아무 변화나 다 파악하고 말한다고 해서 타임 스누핑이 아니며 특정한 조건이 충족될 때 사용해야 매력적인 타임스누핑이 된다는 점이다.

첫째로 얕은 관계에서의 타임스누핑은 지양해야 한다. 얼마 전에 처음으로 알게 된 사이인데 두 번째 만남 만에 변화에 대해서 이야기 하는 건 상대방에게 부담으로 다가온다. 게다가 상대방에 대한 충분한 데이터가 쌓이기 전에 타임 스누핑이랍시고 변화에 대해 언급하는 건 오류가 날 가능성이 많기 때문에 절대 금물이다. 둘째는 이별이나 퇴사 등의 민감한 시기의 변화는 어떤 것이든 언급하지 않는 것이 좋다. 이 부분은 심화 과정에서 적용할 수 있는 방법이 있지만, 타임스누핑에 익숙하지 않은 초반에는 무조건 지양하는 것이 좋다. 앞서 이야기했지만 스누핑이라는 개념 자체가 가벼운 소스나 대화의 물꼬를 트기 위함이지 그 이상으로 넘어가면 가치를 잃어버리기 때문에, 스누핑하는 것 자체에 집착하지 않는 것이 좋다. 세 번째는 남녀 사이의 선을 지켜야 한다는 것이다. 앞서 타임스누핑의 대표적인 포인트를 남성과 여성을 나눠서 설명한 이유도 이것이다. 각각 더 민감하게 받아들이는 부분이 있기 때문에 눈에 보인다고 해서 마구잡이로 쏟아내서는 안 된다. 대표적으로 살이 찌고 빠지는 부분에 있어서 여성에게는 실제로 살이 빠졌다고 해도 가깝지 않은 남성이 그 부분을 언급하면 불쾌하게 느낄 수 있다. 반대로 남성에게 미용과 관련된 부분을 언급하는 것도, 남성들은 보통 티 나지 않은 미용을 추구하는데 그 부분을 누군가 알아차린다면 부담으로 느낄 수 있다. 특히 남성이 여성에게, 여성이 남성에게 타임스누핑을 할 때는 더욱 신중해야 한다. 관계가 깊지 않다면, 누구나 쉽게 파악할 수 있을 만한 요소 위주로 타임스누핑을 하는 것이 좋다. 동성일 때보다 이성일 때 작은 것도 큰 부담으로 느끼기 때문에 깊어지는 관계에 따라간다 할지라도 한 단계 더 가볍게 적용한다고 생각하는 것이 좋다. 마지막으로 타임스누핑을 너무 남발해서는 안 된다. 처음에도 이야기했듯이 그날의 만남 초기에 가볍게 툭 던지는 것이 가장 좋고, 이후에는 특별히 가방에서 꺼냈거나 하는 등의 새로 보일 수 있는 요소가 없는 한 타임스누핑한 부분을 말하지 않는 것이 좋다. 남발되는 타임스누핑은 섬세함을 넘어 의아함을 느끼게 할 수 있기 때문이다. 누군가 나에게 관심을 가져주는 것은 기분 좋지만, 관심이 과해지면 좋은 기분은 물음표로 바뀌게 된다는 것을 명심하자.

타임스누핑은 상대방으로 하여금 나에 대해 '오, 섬세하네?' 정도의 인식만 심어주면 성공한 것이다. 뭔가 점수를 더 따기 위해서 그 이상을 남발하는 실수를 범하지 않기를 바란다. 한 가지 유의 사항은 상대방의 시선이 나를 보고 있지 않을 때 타임스누핑 요소를 파악하길 바란다. 어찌 됐든 눈으로 확인해야 하기에 다소 부자연스러운 시선의 이동이 있을 수 있는데, 그것 역시 상대방에게는 부담이며 의아함이기 때문에 최대한 상대방의 시선이 닿지 않는 범위 내에서 활용해보도록 하자.

# '너무 듣기만 했나?'라는 생각이 들 때까지 들어라

유명한 공상과학 영화에서 지구와 비슷한 환경의 행성을 찾아 떠나는 장면이 있다. 도착한 행성은 고속 회전하는 공전의 영향으로 지구와 시간이 다르게 흐른다. 대충 그 행성에서의 1시간이 지구에서의 7년과 같다. 해당 현상은 복잡하게 얽힌 다양한 요소들이 작용하여 발생하는 영화 속 공상이지만, 우리는 의외로 현실에서도 시간이 다르게 흐르는 경험을 쉽게 할 수 있다. 좋은 걸 할 때는 시간이 빨리 가지만 싫은 일을 할 때는 마치 시간이 더디게 가는 것처럼 느껴지는 것 말이다. 마음 맞는 동료와의 점심시간은 순식간에 지나가지만, 직장 상사와의 점심식사는 몇 번이나 쳐다봐도 시계의 숫자는 도무지 바뀌지를 않는다.

이와 같은 현상은 말하기에도 있다. 바로 말하는 시간과 듣는 시간의 차이이다. 대부분의 사람들은 듣는 것보다 말하는 걸 좋아한다. 특히 내가 말하는데 상대방이 연신 고개를 끄덕이며 잘 들어준다면 그보다 좋을 수 없고, 딱히 관심 없는 얘기를 연기하며 들어줘야 하는 상황은 어느 때보다 고역이다. 이러한 모습이 나타나는 이유는 앞선 1장의 '놀랍게도 세상은 나에게 관심이 없다.'의 내용과 일맥상통한다. 사람들은 생각보다 훨씬 더 타인에게 관심이 없기 때문에 그 사람의 이야기에도 큰 관심이 없다. 그래서 상대방의 말이 조금만 길어지면 어느새 나도 모르게 표정과 태도에서 티가 나게 된다. 아무리 사회생활이라는 가면 속에 숨었다 해도 누구든 조금씩은 새어 나오기 마련이다.

그나마 다행인 것은 이 부분은 누구에게나 동일하게 적용된다는 것이다. 특별한 경우를 제외하고는 누구나 다 듣는 것을 그리 좋아하지 않는다는 이 사실이 단지 듣는 것만으로도 우리를 매력적으로 만들 수 있는 전제 조건이 되어준다. 게다가 우리는 앞선 챕터에서 제대로 듣기 위한 훈련을 이미 마쳤기 때문에 이제 그 훈련의 성과를 우리의 일상에 적용하기만 하면 된다. 미리 말하지만 앞의 비슷한 맥락의 듣기 훈련 챕터가 쉽게 봤다가 의외로 무겁게 느껴졌다면 현실에 적용하는 건 훨씬 쉽고 별거 없으니 걱정 놓으시기를 바란다. 한 가지 명심해야 할 것은, 우리가 지금 듣는 이유는 오직 대화의 현장에서 나를 더욱 매력적인 사람으로 보이기 위함이다. 즉, 매력적으로 말하는 사람이 되기 위한 하나의 방법 중 하나이지 이러한 듣기로 인해 엄청난 성과나 목표를 이루려는 것이 아니라는 것이다. 그러니까 내가 답답하고 견디기 힘들 정도로 듣기만 하거나 듣기 자체에 너무 집중할 필요 없다. 그저 매력적으로 말하는 사람이 되기 위한 하나의 가벼운 소스 정도로만 생각하길 바란다.

가장 먼저, '듣기의 절대치를 늘려보는 것.'이다. 평소에 상대방이 말하는 것을 듣다가 대충 마무리하거나 주제를 전환하려고 시도하는 시점의 듣는 양이 10이라고 한다면, 듣는 양을 최소 100까지는 늘려보는 것이다. 여기서 말하는 10배의 차이는 실제로 그 정도의 수치라기보다는 상대방이 충분히 이야기했다고 느낄 때까지 들어주라는 의미이다. 앞서 이야기했듯이 사람은 누구나 말하기보다 듣기를 덜 좋아하기 때문에 나는 충분히 들었다고 생각해도 상대방은 아직 충분히 말하지 못했을 가능성이 크다. 그러니까 말하기와 듣기를 실제로 체감하는 상대성을 고려해서 더 많이 들어줘야 나의 듣기가 상대방에게 매력적으로 느껴진다. 물론 갑자기 듣는 양을 늘리면 나도 상당히 지치고 상대방도 나의 떨어지는 집중력을 눈치채면서 맥이 빠지게 된다. 그럴 땐 앞선 챕터의 훈련처럼 뻔하지 않은 리액션을 섞음으로써 지루하지 않은 대화로 만들어주면 된다.

이렇듯 대화에서 듣기의 양을 대폭 늘리는 모습을 계속해서 보여주면, 상대방에게 잘 들어주는 사람으로 인식이 박히게 되는데 이 점이 나에게도 이로운 방향으로 작용한다. 평소에 잘 들어주는 이미지이기 때문에 나의 이야기를 다소 많이 하게 되더라도 매력을 잃어버리는 비율이 훨씬 떨어지게 된다. 아마 평소에 남 얘기를 잘 듣기보단 자기 얘기를 하기 좋아하던 사람이라면 훨씬 더 극적인 효과를 볼 수 있을 것이다.

실제로 와이프와 나는 둘 다 말하기를 좋아하고 말이 많은 편이다. 그래서 서로 좋아하는 주제로 둘이 대화하기 시작하면 서로 말하려고 난리가 나는 경우가 많다. 그러다 보니 가끔 대화가 원활하지 않다고 느낄 때가 있었다. 실제로 그런 식으로 정신없는 대화를 한 뒤에는 서로 상대방이 무슨 이야기를 했는지 잘 기억하지 못하는 경우도 많았을 정도였다. 그래서 한 번 듣기의 절대치를 대폭 늘려봤다. 와이프가 하고 싶은 이야기를 모두 털어낼 수 있도록 적당한 리액션과 함께 계속해서 들어줬다. 처음에는 마치 끝나지 않을 것 같은 그녀의 이야기가 버겁게 느껴지기도 했는데, 어느새 듣기에 익숙해졌고 듣는 과정 자체가 상당히 재미있게 느껴졌다. 거기에는 앞서 이야기했듯이 지금의 듣기가 쌓이면 내 이야기를 여유롭게 할 수 있다는 기대가 한몫했다. 실제로 와이프는 자신의 이야기를 다 털어낸 후에는 내 이야기를 상당히 잘 들어줬고 서로 잘 들어주다 보니 오히려 대화가 더욱 원활하게 이뤄졌다.

이렇듯 듣기에 집중할 수 있게 되면서 다 들은 뒤에 첨언해줄 내용도 머릿속에서 자연스럽게 정리가 되는 점도 상당히 긍정적인 이점 중 하나였다. 이처럼 듣기는 지금보다 훨씬 더 늘려도 문제 될 것이 없다. 오히려 더 많이 들을수록 더 많이 이야기할 수 있다는 점은, 보통은 말이 많을수록 떨어지는 말하기의 매력까지 지킬 수 있는 가장 좋은 방법이라고 할 수 있겠다.

두 번째는 '더 듣기 위한 소스를 던져주는 것.'이다. 계속해서 이야기하지만, 우리가 지금 듣는 이유는 대화의 현장에서 상대방으로 하여금 나를 더욱 매력적인 사람으로 느끼게 하기 위해서이다. 단순히 전략적인 듣기라는 것이다. 물론 시간이 지나 듣기에 대한 역량이 높아지면 전략적으로 사용하려 하지 않아도 잘 듣는 모습을 보일 수 있겠지만, 어쨌든 지금 우리에겐 듣기가 전략적 도구일 뿐이다. 그런데 대화하는 상대방이 말을 많이 할수록 매력이 떨어진다는 사실을 이미 알고 있어서 일부러 말을 줄이는 상황일수도 있다. 그럴 때는 상대방이 더 많이 말하고 나는 더 많이 듣는 사람의 포지션을 차지할 수 있도록 상대방이 말할 소스를 던져주는 방법을 사용해보자.

가장 쉬운 방법은 앞서 상대방이 이야기한 내용 중 한 가지를 잡고 관련된 질문을 던짐으로써 상대방이 본인의 이야기를 더욱 풀어내도록 하는 것이다. 예컨대, 상대방이 자랑이 섞인 이야기를 했다면, 본인은 그 분야에 대해 잘 몰라서 더 설명해줄 수 있냐는 식의 질문을 던지는 방법으로 말이다. 이 방법은 직장 상사와의 대화나 소개팅 같이 상대방에게 특별히 잘 보여서 호감을 살 필요가 있는 경우에 더욱 필요한 방법이다. 이야기 속 내용으로 질문을 한다는 것 자체가 상대방의 이야기를 잘 듣고 있었다는 방증이기 때문에 호감의 이미지를 심어줄 수 있고, 자신의 이야기를 더 풀어내게 함으로써 자연스럽게 친밀감을 높일 수도 있다. 나는 그저 듣기만 했는데 상대방으로 하여금 여러 가지 긍정적인 이미지를 한 번에 느낄 수 있도록 하는 것이다.

마지막으로 '듣는 행위에 의미 부여를 하는 것.'이다. 앞서 소개한 소스를 던져주는 것과 비슷한 맥락인데, '내가 지금 당신의 이야기에 엄청나게 집중하고 있다.'라는 사실을 행동으로 보여주는 것이다. 앞에서도 이야기했지만, 듣는다는 행위는 생각보다 상당히 고된 과정이다. 그래서 아무리 집중해서 들으려고 해도 별 관심 없는 이야기에 대해서는 집중력이 떨어지게 되고 그 모습은 상대방에게 전달된다. 그래서 듣는 동안 집중력이 떨어졌거나 내가 열심히 듣는다는 걸 더 잘 드러내고 싶은 상대방과의 대화라면 이 방법을 사용해보길 바란다. 방법 자체는 간단하다. 이 대화를 방해할 가능성이 있는 요소를 차단하는 것이다. 예를 들어 상대방이 중요한 이야기를 시작할 때, 테이블에 올려져 있는 휴대폰을 뒤집어 놓거나 가방에 집어넣는 액션을 보여주는 것이다. 그러면 나는 아무 말도 하지 않았지만, 들을 준비가 됐고 집중해서 듣겠다는 의도를 보여주게 되는 것이다. 상대방 입장에서도 자신의 이야기를 제대로 듣기 위해 방해 요소를 차단하는 모습을 보면 내 진심을 더 잘 느끼고 호감도도 올라가게 된다. 다소 유치하게 느껴질 수 있지만, 막상 대화의 현장에서 이러한 작은 행동이 상대방에게 상당히 큰 호감으로 작용한다. 만약 시작할 때 미처 보여주지 못하고 대화가 시작됐다면 전화나 문자의 알림이 울릴 때, 이러한 액션을 취해주면 된다.

이렇듯 대화 방해 요소를 차단하는 모습은 여러 가지가 있다. 주문을 받으러 온 종업원에게 잠시 뒤에 주문하겠다고 양해를 구하고 돌려보내는 방법이다. 당연히 주문 먼저 하고 대화를 이어 나가는 게 훨씬 효율적이겠지만, 나의 듣기를 돋보이게 하기 위한 퍼포먼스라고 생각하자. 상대방이 그냥 주문부터 하자고 이야기해도 나는 이미 내 퍼포먼스를 마쳤기 때문에 큰 상관없다. 이외에도 먹고 있던 식기를 내려놓는 것, 의자를 당겨 자세를 고쳐 앉는 것, 얼마 안남은 음료를 다 마셔버리는 것 등 주변의 요소들을 파악한다면 뭐든 적극적으로 활용할 수 있다. 다만 조용한 곳으로 자리를 옮기자고 하거나 휴대폰을 꺼버리는 등의 과한 액션은 오히려 거부감을 느낄 수 있으니 적당한 수준을 잘 생각해야 한다.

개인적으로 대화에서 듣기는 늘 승리한다고 생각한다. 말하기에 부담이 느껴진다면 듣기부터 시작하기를 추천하는 이유도, 대화의 현장에서 실패 없이 매력을 쌓을 수 있는 가장 효율적인 도구이기 때문이다. 그런데 이렇게 쉬운 방법인 만큼 적당한 인내심만 있다면 누구나 사용하기 좋은 도구이기 때문에 평범한 듣기에서 매력적인 경쟁력을 갖는 것은 어렵다. 그래서 앞서 이야기한 방법들로 나의 듣기에 나만의 매력을 섞어준다면 듣기라는 평범한 도구로도 큰 경쟁력을 얻을 수 있다. 지금껏 이야기한 인위적인 방법들에 부담을 느낄 수도 있을 것이다. 하지만 아무것도 하지 않고 더 나은 모습을 만들 수는 없다. 인위적인 방법이 아니라 전략적인 접근이라고 생각하고 대화 현장에서 나의 매력을 높이기 위해 최선을 다해보기를 바란다.

# 내가 좋아하는 건 나도 잘 말한다

대학 시절 착하고 공부도 잘하는 친한 동기가 한 명 있었다. 입학 성적도 좋았고 성격도 둥글둥글해서 항상 같이 다니는 무리 중에 있는 친구였다. 특히 정보력이 워낙 좋아서 누군가 뭘 물어보면 거의 대답 못 하는 게 없을 정도로 박학다식했다. 앞서 매력적으로 말하기 위해 준비해야 한다고 언급한 스몰토크나 스누핑에 대해서도 개인적으로 지금껏 만난 사람들 중 상위 1%라고 생각한다. 그런데 한 가지 아쉬운 점이라면, 말하기에 대한 자신감이 조금 부족했다. 친구들끼리 이야기를 할 때, 본인이 조금 재미없는 사람이라는 생각을 가지고 있어서 위축되는 편이었고 이성 간의 대화에서는 그 부분이 더욱 두드러졌다. 함께 다니는 무리의 친구들이 워낙 유머러스하고 활발한 성격에 말도 잘하다 보니 시간이 지날수록 말하기에 자신감을 점점 잃는 것이 눈에 보여 안타까웠다.

그렇게 졸업 후 모든 동기들이 취업 전선에 뛰어든 것과 다르게 그 친구는 목사님이 되기 위해 신학대학원을 진학했다. 깊이 있는 학문인 만큼 그 친구와 정말 잘 어울린다고 생각했는데, 한편으로는 결국 사람들 앞에 서서 말씀을 전하는 목회자가 될 텐데, 부족한 스피치 역량을 어떻게 해결할지 걱정이 되는 것도 사실이었다. 그런데 얼마 전, 해당 교단의 신학대학원 학생들을 대상으로 진행되는 설교대회에서 그 친구가 1위를 입상했다는 소식을 듣게 됐다. 그저 그런 대회가 아니라, 목사가 되기 위한 시험인 목사고시에서 한 과목을 면제해주는 어마어마한 부상이 걸린 대회라 전국의 날고기는 수많은 실력자들이 참가한 대회에서 1등을 한 것이다. 이쯤 되니 그 친구가 1위 한 그 장면이 너무 궁금해서 참을 수 없어 곧바로 연락을 했다. 그렇게 받아본 설교대회의 영상을 가히 놀라웠다. 자신이 전공하고 있는 학문, 앞으로 나아가야 할 직업의 모습에 대한 자신감이 스피치에 그대로 담겨 있었다. 중간중간 적절한 유머, 비유, 관련된 스몰토크까지 어디 하나 흠잡을 곳 없는 완벽한 스피치였다. 평소 말하기에 자신감이 없던 모습은 전혀 찾아볼 수 없었다.

비교적 최근에 있었던 일이라 이 책의 원고를 거의 마무리하고 있던 시점의 일이었는데, 이 일로 인해서 말하기에 대한 새로운 가치관을 적립하게 됐기에 이 챕터를 새로 만들게 됐다. 그 친구는 사석에서 만나면 확실히 달라진 모습이 느껴진다. 물론 사석에서의 대화가 예전보다 급격히 나아진 정도는 아니지만, 그 대회의 입상이 그 친구의 말하기를 확실히 업그레이드시켜준 것은 분명했다.

이 일화를 통해 이야기하고 싶은 건 앞선 모든 챕터의 총정리 격이라고 할 수 있다. 이 친구처럼 스몰토크, 스누핑, 듣기 등 스킬적인 부분에서 충분한 준비가 됐고 쫄지 않기 위해 절벽으로 뛰어들며 긴장을 털어내는 과정까지 마쳤다면, 이제는 자신의 말하기를 폭발적으로 성장시킬 일만 남은 것이다. 그 마지막 조각이 바로 내 분야로 말하기를 트는 것이다. 이 챕터의 제목처럼 내가 내 분야라고 말할 수 있는 주제는 나도 누구보다 잘 알고 있다. 잘 알고 있다는 건 말하기의 소스는 이미 충분히 준비가 돼있다는 뜻이고 꾸며내지 않은 자연스러움도 충분히 갖추고 있다는 뜻이다. 이제 내가 좋아하고 내가 잘 알고 있는 이 분야로 말하기를 만들어내고 말하기 시작하면, 당신의 말하기는 폭발적으로 성장할 것이다. 앞서 이야기했지만 결국 시작하고 경험해보는 것이 중요한데, 그 첫 경험이 나의 분야에 대한 것이라면 높은 확률로 긍정적인 결과를 낳을 것이며, 그 이후에는 점차 범위를 넓혀가며 나의 말하기가 성장하게 되는 것이다. '나는 내 분야라고 할 게 없는데?'라며 고민할 수 있겠지만, 내 분야라는 건 거창한 게 아니다. 지금부터 내 분야를 찾아서 고르고 그 소스로 말하기를 시작하고 성장시키는 과정에 대해서 이야기해보자.

먼저 내가 잘 이야기할 수 있는 나의 분야를 찾아서 골라야 한다. 당연히 첫째는 내가 몸담고 있는 일이나 공부하고 있는 전공이 될 수 있다. 그중에서도 어떤 특별한 프로젝트나 중대한 사항이 아니라, 내가 매일같이 루틴으로 하는 기본적인 사무업무, 혹은 발표 과제에서 전체 내용의 20%가량 되는 내가 조사하기로 한 분량 정도의 가벼운 수준은 나도 충분히 내 것이라 자부할 수 있다. 예컨대 내가 부서를 옮기거나 퇴사로 인해 내 업무에 대해 인수인계할 때, 후임자에게 내 업무에 대해 설명하는 건 나보다 잘할 수 있는 사람은 아무도 없다. 딱 이 정도 수준의 내 분야면 충분하다. 일이나 학업적인 것에 매이고 싶지 않다면, 내 취미와 연결하면 더욱 수월하다. 당연하게도 취미의 범주도 거창한 어떤 문화나 스포츠의 영역이 아니어도 상관없다.

예를 들어 실제로 나는 예능프로그램을 보는 게 가장 큰 취미다. 그렇다고 해서 모든 예능을 챙겨보는 것도 아니고 내가 좋아하는 몇몇 프로그램은 다시 보기를 몇 번씩 챙겨보는 정도이다. 그중에서 특히 좋아하는 한 프로그램은 종영한지 한참이나 됐는데도 매일 백색소음처럼 틀어놓고 지내는데, 이 취미로 해당 프로그램에 대해 추억하고 분석하는 유튜브 프로그램도 운영해봤다. 심지어 실제 방송 프로그램에 이 예능 프로그램에 대한 남다른 애착을 가진 일반인으로 출연까지 해봤다.

이렇듯 취미의 종류는 아무 상관이 없다. 그저 소파에 누워서 즐겨보는 프로그램도 그거 하나로 취미가 될 수 있는 것이다. 하물며 정기적으로 즐기는 스포츠가 있거나 동호회 활동을 할 정도로 적극적인 취미가 있다면 훨씬 더 좋은 소스의 취미가 될 것이다. 이외에도 내가 좋아하는 연예인에 대한 것, 여행, 자동차, 하다못해 집에서 뒹굴 거리는 게 제일 좋다면 그것까지도 상관없다. 일단 내가 말로 전한다고 했을 때, 가장 잘할 수 있을 것 같은 분야를 고르기만 하면 된다. 무엇이 됐든 내 분야를 골랐다면 다음 스텝으로 넘어간다.

이번엔 방법을 찾아야 한다. 앞서 이야기한 친구의 사례는 본인이 고른 분야가 자연스럽게 스피치의 자리로 연결되는 분야였기 때문에 이 과정에 대한 고민이 필요 없었지만, 보통은 이 과정을 가장 난감해한다. 그러나 개인적 차이와 분야를 막론하고 적용할 수 있는 방법이 몇 가지가 있다. 그중 가장 추천하는 방법은 현시점 대한민국에서 가장 접근하기 쉬운 방법인 동영상 크리에이터가 되는 것이다. 뜬금없이 크리에이터가 된다는 사실 자체에 부담을 느낄 수 있는데, 전혀 그럴 필요가 없다. 이 방법은 내가 실제로 개인 신상, 얼굴, 심지어 목소리도 밝히지 않고 직접 진행해서 한 달 만에 2만에 가까운 구독자를 모으기도 했기 때문에 믿고 따라와도 된다. 채널을 개설하고 기본적인 세팅을 하는 건 수많은 정보가 인터넷에 있기 때문에 참고하면 되겠다.

예를 들어 앞서 이야기한 예능 프로그램을 주제로 영상을 만든다고 해보자. 해당 프로그램에 관한 내용 중 내가 매력을 느낀 포인트를 중심으로 기본적인 영상 내용을 구성하고 해당 영상에서 소개할 포인트를 프로그램에 관한 각종 자료화면(저작권을 침해하지 않는 범위 내에서)을 붙여 넣어 만든다. 그리고 그 부분에 대해 설명하는 대본을 쓰고 녹음해서 영상과 싱크를 맞추면 끝이다. 여기서 앞선 챕터에서 이야기한 문어체와 구어체의 3단 전환을 적용한다면 더욱 원활한 말하기를 녹음할 수 있을 것이다. 당연히 영상 콘셉트나 활용할 내용의 범위에 대해서는 각자 개인적으로 노출 가능한 수준으로 조절하면 된다. 다시 말하지만 개인 채널을 만들고 올린다고 해서 전혀 거창할 필요는 없다. 언제든지 삭제할 수 있고 내가 말하지만 않는다면 누구에게도 나인 것을 알 수 없게 할 수도 있는 정말 가벼운 방법이다. 최근에는 얼굴 하나 나오지 않고 대충 편집한 브이로그에서 집순이, 집돌이가 집에서 더 편하고 안락하게 쉬는 방법을 설명하는 영상이 꽤 핫한 반응을 얻기도 했으니 절대 부담을 갖지 않길 바란다.

또 이 방법이 유용한 이유는 말하기를 연습함에 있어서 가장 중요한 요소인 청자를 내가 따로 준비할 필요가 없다는 것이다. 오히려 불특정 다수의 청자이기에 개인적인 요소가 철저히 배제된 채로 평가받고 소통할 수 있다. 이 과정에서 채널이 흥하고 망하고는 개인적으로 욕심이 있다면 더 신경 쓰면 될 일이지 말하기를 연습하는 데 있어서 전혀 고려할 사항이 아니다. 중요한 건 일단 시작해보면 평소에 본인의 자신 없었던 말하기보다 훨씬 자연스럽고 원활한 말하기가 나오는 것을 느낄 수 있다는 것이다. 내가 좋아하는 분야, 잘 말할 수 있는 주제를 말하는데 개인이 노출될 염려는 줄이지만 실제 청자는 존재하기 때문에 방해 요소는 최대로 줄이고 성장의 기폭제는 다 챙겨갈 수 있기 때문이다.

방법을 정해서 준비가 끝났다면, 마지막으로 그 말하기를 나를 잘 아는 가까운 사람에게 직접 보여줘야 한다. 불특정 다수, 혹은 나에 대해 아주 잘 알지는 못하는 사람들에게 보여준 말하기는 객관적인 평가만 가능하다. 예컨대 주제선정이나 내용 구성 같은 물리적인 요소와 목소리, 발음 등의 기술적인 요소까지인 것이다. 하지만 나를 잘 아는 사람은 객관적인 평가는 어려워도 나라는 사람의 스토리에 덧입혀진 말하기와의 적합성을 판단할 수 있다. 내가 지금 나답게 말하고 있는지, 지나치게 꾸며내거나 사리고 있지는 않은지 등의 나를 알아야 판단할 수 있는 부분들을 알아챌 수 있다. 더불어 결국 이 말하기 연습의 목적은 사람들과의 면대면의 말하기를 성장시키기 위함이기 때문에 면대면의 직접적인 말하기의 과정도 필요하다.

여기서 한 단계 더 진행해야 할 부분은 콘텐츠로서 준비된 말하기뿐만 아니라, 해당 내용에 대해 대화로 이야기하는 상황도 진행해봐야 한다는 것이다. 해당 주제에 대해 대화하는 상황을 설정하고 내가 상대방에게 이 내용을 적절하게 설명하는 말하기를 해보는 것이다. 오히려 실제 상황에서 이 모습이 더 많이 때문에 여기까지 꼭 진행해보기를 추천한다. 사실 이 단계는 조금 인위적이고 고전적인 방법이라고 느껴질 수도 있다. 하지만 특별한 업종이나 직무가 아니면, 자연스럽게 말하기를 할 수 있는 상황은 잘 생기지 않는다. 그렇다고 해서 영상으로만 연습하는 말하기는 실제 면대면의 상황에까지 무리 없이 적용될 때까지 꽤 많은 시간이 걸릴지도 모른다. 그러니 조금 오글거리고 부끄럽더라도 꼭 이 과정까지 가보길 바란다. 앞선 챕터에서도 이야기했지만 가까운 사람들 앞에서 쫄 필요가 뭐가 있겠는가? 어차피 이건 내가 제일 좋아하고 잘 아는 분야이고 그 상황이 재밌어서 놀리면 잠깐 민망하고 마는 건데 말이다.

한 가지 고백을 하자면, 나는 지금도 방송을 준비할 때 떨린다. 수백 번의 라이브를 진행했지만, 매번 새로운 정보를 준비해야 한다는 사실은 늘 부담이다. 열심히 공부했다고 해도 아직 익숙해지지 않은 정보를 라이브나 녹화에서 말해야 하니 말이다. 하지만 늘 프로페셔널하게 잘 말할 수 있는 이유는 앞선 과정을 충분히 해왔고 지금도 하고 있기 때문이다. 대부분 구독자를 못 늘리고 실패한 채널이지만 내가 좋아하는 분야에 대한 콘텐츠를 열심히 만들어서 나의 말하기를 입히는 과정이 말하기의 연습이라는 생각이 들지 않을 정도로 즐거웠다. 그러다 오로지 내 말하기만으로 채워진 채널이 꽤 성공했을 때는 인정받은 것 같아서 상당히 기뻤다. 이러한 과정과 경험이 있었기 때문에 새로운 정보와 새로운 말하기를 할 때도 준비할 땐 떨리지만 막상 시작하면 그간 자연스럽게 녹아든 역량이 발휘되는 것이다. 이 과정을 통해 여러분들의 말하기도 이제 성장할 일만 남았다고 말해주고 싶다.

# 말은 안하는 것도 말이다

초등학생 시절 정말 좋아했던 선생님이 있었다. 사춘기 시절 담임선생님이었는데, 아마 젊고 예쁜데다가 그 당시 다른 선생님들과는 다르게 학생들에게 친절하고 상냥하게 대해줘서 그 선생님을 좋아하지 않는 친구들이 없을 정도였다. 그 당시 나를 비롯한 우리 반 친구들은 지치지 않는 에너지에 고학년이 됐다는 쓸데없는 자부심까지 더해져 정말 쥐어박고 싶을 정도로 까불거렸다. 그런 모습을 다른 선생님들은 무섭고 단호한 모습으로 통제했지만, 담임선생님만큼은 부드러운 말투로 우리를 타일렀다. 그런 선생님이 좋았지만, 사춘기의 쓸데없는 반항심으로 괜히 더 말을 안 들었다.

그러던 어느 날 복도에서 친구랑 다투다가 유리창에 부딪혀 유리창이 깨져버리게 됐다. 유리창도 유리창이지만 가까이 있던 내 오른손등이 크게 찢어졌다. 근처에 있던 선생님이 바로 구급차와 어머니를 불렀고 그대로 실려 갔다. 20년이 훌쩍 지난 지금도 오른손등에 흉터가 그대로 있을 정도로 꽤 큰 사고였다. 모든 일이 수습되고 이틀 뒤에 학교에 다시 나가는 길이 너무 무서웠다. 이미 엄마에게 셀 수 없이 많은 등짝을 맞았고 이제 2차전으로 선생님에게 혼날 일만 남아있었기 때문이다. 아니나 다를까 선생님이 상담실로 부르셨고 따뜻한 우유 한잔을 내주시며 앞에 앉았다. 어떤 핑계를 댈지 계속 고민하고 있었는데, 5분이 지나고 10분이 되도록 선생님은 아무 말도 하지 않으셨다. 그저 앞에 놓인 커피를 가끔 들이키며 나를 바라볼 뿐이었다. 익숙지 않은 상황에 어리둥절했던 나는 그날의 상황에 대해 함께 싸운 친구의 탓이라는 둥, 애들이 부추겼다는 둥의 이런저런 변명을 횡설수설 내뱉었다. 그럼에서 선생님은 아무 말도 하지 않고 나를 바라보셨다. 한참을 횡설수설하던 내 말은 멈췄고 시키지도 않았는데 그날의 정황을 차분하고 솔직하게 이야기하기 시작했다. 그 이야기가 끝나자 선생님께서 드디어 평소의 그 미소와 함께 아픈 데는 괜찮냐며 입을 여셨다. 사실 그날의 일은 100% 내 잘못으로 친구와 다투게 된 것이었고 유리창이 깨진 것도 위험하게 우유 통을 휘두르다 벌어진 일이었다. 이후에 안 사실이지만 선생님은 이미 반 아이들에게 정황을 듣고 상황을 다 알고 있었다고 한다. 지금 돌이켜보면 선생님으로서 잘못한 부분에 대해서 바른길로 선도해야 하기도 하지만 그 일로 가장 많이 다친 것 또한 나였기 때문에 섣불리 다그쳤다간 오히려 반발심만 키울게 뻔했기 때문에 침묵이라는 방법을 선택하셨던 것 같다. 누구보다 반 아이들에게 관심이 많으셨던 만큼 까불거리긴 하지만 나이에 비해 생각이 꽤 깊었던 나를 제대로 파악하셨던 것이다. 그 당시 선생님의 나이가 지금의 나보다도 훨씬 어린데 그러한 판단으로 침묵의 방법을 적용했던 걸 생각하면 지금도 존경스럽다. 그날 선생님이 내게 했던 말은 입에서 나오지 않고 눈빛, 손짓, 공간에서 나왔다. 그 어떤 말보다 그 순간에 필요한 완벽한 말이었다고 생각한다. 이처럼 이 책의 마지막 말하기는 침묵의 놀라운 효과와 방법에 관한 내용이다.

이 책을 준비하면서 목차와 주제 구성은 순식간에 끝났다. 언젠가 쓰게 될 첫 책을 위해 평소에 틈나는 대로 정리해 놓았고 강의를 통해 어느 정도 검증을 거쳐 왔기 때문이다. 그런데 마지막 장을 어떤 주제로 해야 할지에 대해서는 끝까지 고민했다. 개인적으로 말하기의 핵심이라고 생각하는 스누핑으로 할지, 일상 속 스피치에서 가장 중요하다고 여기는 스몰토크로 할지 경우의 수가 많았다. 그러다 도달한 결론은, 어둠을 이야기하기 위해서는 빛이 있어야 하고 천국을 묘사하기 위해서는 지옥을 알아야 하는 것처럼, 말하기를 완전히 이해하기 위해서는 말하지 않는 것 역시 정확히 이해해야 한다는 것이었다. 지금부터 이야기할 '말하지 않는 말하기'는 많은 스피치 강사들이 이야기하는 침묵과는 다르게 좀 더 광범위하고 구체적인 개념이다.

먼저 침묵에 대한 오해를 벗어야 한다. 보통 단지 아무 말 하지 않는 상태를 침묵이라고 생각하지만 '말하지 않음=침묵'이라는 건 잘못된 공식이다. 상대방이 열심히 이야기하는데 관심 없이 딴 짓을 하며 아무 말도 하지 않는 모습을 우리는 침묵이 아니라 무시라고 부르는 것처럼 말이다. 이와 같이 침묵의 핵심은 그저 입을 닫고 말을 뱉지 않는 데 있는 것이 아니다. 입으로 말하지 않고 다른 모든 부분들을 이용해서 말하는 것이 바로 침묵의 진짜 가치다.

앞서 이야기한 선생님과의 면담에서 선생님은 입을 닫고 상황과 행동으로 말씀하셨다. 평소 선생님의 모습과 반대되는 행동을 보여줌으로써 횡설수설하는 나에게 무언가 다른 모습이 필요하다는 사실을 인식하게 했고, 혼내야 마땅한 상황에서 침묵하면서 내가 스스로 상황을 인식하고 솔직한 이야기를 털어놓도록 유도해준 것이다. 이 과정에서 평소와 다른 단호한 눈빛을 장착하고 시간은 상관없다는 듯이 여유 있게 차를 내리는 모습까지 온몸으로 내게 신호를 보낸 것이다. 아마 그 상황에서 선생님이 이런저런 말로 나를 타이르거나 혼내려고 했다면, 평소 만만하게 느꼈던 선생님에게 사춘기 특유의 반발심으로 반항했거나 끝까지 오리발을 내밀었을 수도 있다. 하지만 선생님은 침묵하셨다. 아무 말도 꺼내지 않았지만 제대로 된 침묵만으로 나에게 선생님의 뜻을 전달했고 원하는 상황으로 유도한 것이다.

이처럼 침묵은 말하지 않는 것에서 그치지 않고 지금 처한 상황과 조건, 눈빛과 몸짓 같은 작은 요소 하나까지 활용해서 내 의사를 전달하는 전체적인 과정이라는 것을 명심해야 한다. 그렇지 않으면 당신의 침묵은 상대방에게 무시, 조롱, 이해할 수 없음 같은 부정적인 감정으로 받아들여질 수 있기 때문이다. 그렇다면 일상 속 대화에서 이러한 오해를 불러일으키지 않는 제대로 된 침묵은 어떤 상황에서 어떻게 사용해야 하는지 알아보도록 하자.

첫째로, 동의하기 어려운 부정적인 이야기는 대답하기 전 잠깐의 침묵을 주는 게 좋다. 보통 가벼운 수준의 뒷담화나 흉보기 등의 부정적인 이야기는 가볍게 받아주며 상대방의 기분에 공감해주는 모습이 좋다. 그러는 편이 상대방이 감정을 털어버리고 그 이야기를 빨리 끝내도록 유도할 수 있기 때문이다. 하지만 술이 들어가거나 말하면서 흥분하게 되면 이야기의 수위가 높아지며 점차 선을 넘어버리는 발언까지 해버리는 경우가 생긴다. 이 상태가 되면 정상적인 감정일 때의 본인도 불편해했을 모습을 보이는 것이기 때문에, 거기까지 다 받아줬다가 흥분이 가라앉으면 오히려 받아준 나를 이상하게 바라보게 될 수가 있다. 그렇다고 받아주지 않고 곧바로 반대의 입장이나 그만하라는 식의 표현을 하게 되면, 안 그래도 잔뜩 흥분한 상대방에게 반발심만 가득 심어주게 된다. 이럴 때 필요한 게 바로 잠깐의 침묵이다. 상대방의 이야기에 긍정이든 부정이든 곧바로 반응하지 않고 생각에 잠긴 듯 잠시 침묵하는 것이다. 그러면 상대방은 끊임없이 말을 쏟아내며 쌓아오던 흥분의 흐름이 끊기게 되고 거기서 꺾인 감정은 점차 가라앉게 된다. 나의 침묵으로 상대방에게 생각하고 가라앉힐 수 있는 기회를 주는 것이다. 이때 중요한 건 침묵하는 과정에서 휴대폰을 보고 다른 곳을 바라보는 등 다른 행동을 하지 않고 생각에 잠긴 듯 시선을 약간 아래로 향하고 침묵에 집중하는 모습을 보여야 한다는 것이다. 내가 지금 입을 닫은 건 너를 무시하거나 이야기에 부정해서가 아니라는 모습을 침묵과 함께하는 행동으로 보여주는 것이다. 그 이후에는 긍정이나 부정이나 어떤 입장이든 차분하게 자신의 이야기를 전달하면 된다.

두 번째는, 경쟁적 우위를 점해야 하는 상황에서는 먼저 말하지 않고 침묵하는 것이 좋다. 말이라는 도구는 항상 불완전함의 위험을 안고 있다. 아무리 완벽하게 말하려고 애써도 입 밖으로 뱉을수록 실수와 결점이 생길 확률은 계속해서 올라간다. 그래서 중요한 자리일수록 말은 핵심만 간결하게 뱉고 말을 줄일수록 목적을 이루기에 유리하다. 만약 거래처와의 중요한 계약 관련 미팅을 하기 위해 만난 자리라면, 먼저 계약과 관련된 핵심 내용에 대해 말을 꺼내지 않는 것이 좋다. 그렇다고 의미 없는 수다만 계속 떠는 것도 에너지를 쉽게 소모해 결정적인 이야기를 나눌 때 집중력이 떨어질 수 있기 때문에 좋은 방법이 아니다. 아예 말을 하지 않을 수는 없겠지만, 최대한 말을 줄이고 다소 갑작스러운 침묵의 상황을 만드는 것이다. 역시나 중요한 자리이기에 휴대폰을 하거나 다른 곳을 보는 등의 예의에 어긋난 행동을 동반하지 않고 준비된 차를 마시거나 자료를 살펴보는 등의 행동과 함께 침묵을 유지하는 모습을 보여주는 것이다. 그러면 상대방은 예상하지 못한 상황에 갖은 생각을 하게 되고 내가 서류를 살펴보거나 인상을 찡그리는 듯한 작은 행동에도 큰 의미를 부여하며 생각에 잠기 될 것이다. 그러면 그때부터 주도권은 우리에게 넘어오게 된다. 생각이 많아진 상대방은 이어지는 침묵이 부정적인 신호라는 생각을 갖게 된다. 조급함에 먼저 이야기를 꺼내게 되고 말을 하면 할수록 상대방은 약점을 노출하게 되며, 그 점을 이용하여 거래 간 유리한 위치를 선점할 수 있는 것이다. 대화를 시작하는 시점에서 누가 우위에 있는지는 중요하지 않다. 거래란 결국 서로 이익을 보는 상황에서 성사되는 것이기 때문에, 내가 을의 위치에 있어도 더 나은 조건의 갑이 있다면 충분히 갈아탈 수 있기 때문이다. 만약 상대방이 갑의 위치에 있다할지라도 거래의 불발은 시간적 낭비로 이어지기 때문에, 침묵으로 상대방에게 많은 생각을 심어주는 건 대화에서 유리하게 작용한다. 말은 꺼낼수록 약점을 드러내고 삼킬수록 나를 견고하게 해준다. 물론 상황에 따른 차이는 있겠지만, 핵심은 상대방과의 대화에서 우위를 점하고 싶다면 더 말하는 것이 아니라 덜 말해야 한다는 걸 명심하자.

마지막으로 나에 대해 어필하고 싶다면 침묵하는 것이 좋다. 우리가 이 책 전반에 걸쳐 말 잘하는 방법이 아니라 매력적으로 말하는 방법을 훈련하는 이유는 결국 내가 매력적인 사람으로 보이기 위해서이다. 세상에는 말 잘하는 사람이 너무 많다. 넘쳐나는 미디어는 그러한 모습을 수도 없이 비춰주면서 말 잘하는 사람에 대한 기준을 걷잡을 수 없이 높여 놨다. 그래서 단순히 말 잘하는 모습으로는 우리의 매력을 상대방에게 침투시키기에 상당한 무리가 있다. 그래서 우리는 눈에 보이는 모습이 아니라, 눈에 보이지 않는 상상력과 호기심을 자극함으로써 우리의 매력을 어필하는 것이 좋다. 처음 보는 자리나 잘 보이고 싶은 사람 앞에서 침묵으로 이미지를 만들어야 하는 이유가 그것이다. 다 같이 만나서 이야기하는 자리에서 말을 최대한으로 줄이고 침묵을 유지하면, 눈에 띄지 않지만 눈에 들어오게 된다. 침묵함으로써 나에 대한 정보의 제공을 줄이게 되면 물리적으로는 눈에 덜 띄겠지만, 시간이 지날수록 정보가 부족한 나에게 관심이 넘어오게 된다는 뜻이다. 모든 호감은 관심에서 시작되고 관심은 호기심으로부터 비롯되기 때문에 그 자리에서 호감을 어필하고 싶다면 일단은 침묵으로 호기심과 신비감을 전달하는 것이 좋다. 물론 침묵하는 나에게 관심이 닿지 않을 가능성도 있지만, 앞서 이야기했듯 꺼낼수록 실수가 쌓이는 말을 쏟아내는 것보다 오히려 침묵이 훨씬 더 높은 승률일 것이다.

이 책에서 앞서 소개한 모든 내용들과 마찬가지로 침묵 역시 말하기의 필살기가 아니다. 모든 문제와 상황을 해결해 주지는 않는다는 뜻이다. 하지만 침묵을 활용할 수 있는 상황이라면 입으로 말하는 것보다 훨씬 더 매력 있는 말하기를 보여줄 수 있을 것이다. 비록 말로 전달하는 것보다 느리고 답답할 수 있지만, 침묵이 가져다주는 매력은 입으로 말하는 것보다 훨씬 더 극적이라는 사실만큼은 분명하다.

# 오직 말로 매력을 만든다

초판 1쇄 발행 | 2023년 5월 10일

지은이 | 이홍열
펴낸이 | 김지연
펴낸곳 | 생각의빛

주 소 | 경기도 파주시 한빛로 70 515-501
출판등록 | 2018년 8월 6일 제 406-2018-000094호

ISBN | 979-11-6814-037-0 (03190)

원고 투고 | sangkac@nate.com

* 값 14,500원

* 생각의빛은 삶의 감동을 이끌어내는 진솔한 책을 발간하고
있습니다. 참신한 원고가 준비되셨다면 망설이지 마시고 연락
주세요.